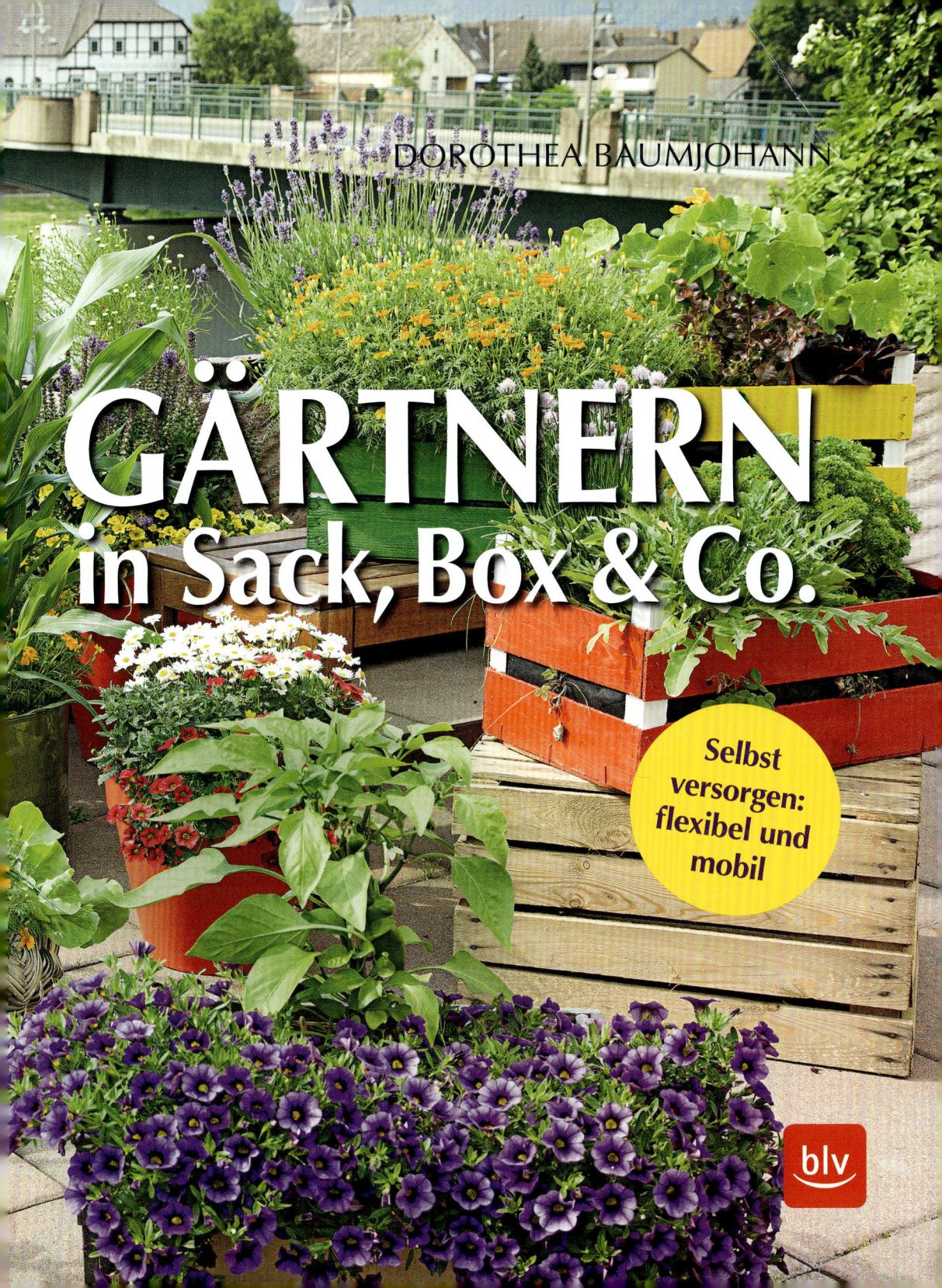

DOROTHEA BAUMJOHANN

GÄRTNERN
in Sack, Box & Co.

Selbst versorgen: flexibel und mobil

blv

Was Sie in diesem Buch finden

Einleitung   6

Urbanes Gärtnern 6
Alternative Gefäße für
    Balkon und Terrasse 10
Einfache Paletten-Beete 12

**Kreatives Gärtnern auf
Balkon und Terrasse**   15

Welche Erde eignet sich? 16
Pflanztaschen aus dem Handel 18
Pflanztaschen Modell Supermarkt 20
Nähen für Gärtner 22
Gemüse aus dem Einkaufskorb 26
Bepflanzte Wein- und Obstkisten 28
Farbenfrohe Einweg-Obstkisten 30
Kaffee- und Kartoffelsäcke 32
Grow-Bags – Gemüse direkt aus
    dem Erdsack 34
Zinkwanne für große Pflanzen 38
Vertikal Gärtnern –
    Gemüse aus der Dose 40

Vertikal Gärtnern –
    Salat statt Schuhe 42
Vertikal Gärtnern –
    Tetrapacks am Rankgitter 44

Gärtnern in Big-Bags   47

Aus Big-Bags ein Gemüsebeet
    bauen 48
Big-Bag als Kartoffelacker 50
Indianerbeet im Big-Bag 54
Big-Bag für »Vielfraße« 58

Gärtnern in Kastenbeeten   63

Kastenbeete aufbauen 64
Kastenbeete befüllen 66
Hochbeete mit Holzrahmen 68
Salate aus der Box –
    Frisches von Frühjahr bis Herbst . . . 70
Gemüse aus der Box –
    Mischkulturen das ganze Jahr 72

Kräuter aus der Box –
   Aromatisches für alle Ansprüche . . . 74
Tomate mit Basilikum –
   Frisch aus der Box 76
Paprika und Chili –
   Snacks und Scharfes aus
   der Box 78
Gesundes Gemüse aus
   dem Hochbeet –
   pflanzen, pflegen, ernten 80

Gärtnern in Bäckerkisten   87

Ein Bäckerkisten-Hochbeet
   aufbauen 88
Das Bäckerkisten-Hochbeet
   befüllen 90
Gemischtes Gemüse in
   Bäckerkisten 92
Gemüse aus Bäckerkisten –
   pflanzen, pflegen, ernten 94

Gärtnerpraxis und Pflanzenwissen   99

So planen Sie eine Bepflanzung 100
Gemüse pflanzen oder säen? 102
Praktische Gartengeräte 104
Richtig gießen und düngen 106
Pflanzenschutz heißt
   Pflanzen schützen 108
Salate für Kisten und Säcke 113
Gemüse und Obst für
   Kisten und Säcke 115
Kräuter für Kisten und Säcke 119

Gemüse, Obst und Salate
   im Überblick 120
Adressen, die Ihnen weiterhelfen 122
Stichwortverzeichnis 124
Über die Autorin 127

Urbanes Gärtnern

In der Vorstellung vieler Menschen hat ein Garten immer etwas mit »Landleben« zu tun. Man stellt sich ein harmonisch und ästhetisch ansprechend angelegtes Stück Natur vor, in dem man Ruhe und Entspannung findet. Doch, wie so viele Dinge ist auch der Garten einem Wandel unterworfen. So muss der Begriff hin und wieder neu definiert werden.

Bedeutung der Nutzgärten

In der Kriegs- und Nachkriegszeit des vorigen Jahrhunderts, in der Lebensmittel allgemein knapp waren, wurden Gärten fast ausschließlich als Nutzgärten angelegt. Sie dienten der Nahrungsmittelproduktion und hatten bei der Versorgung der Bevölkerung mit frischem Obst und Gemüse eine große Bedeutung. Das Wissen um den Anbau von Kulturpflanzen war tief verankert und wurde von Generation zu Generation weitergegeben.

Nutzgärten verlieren an Bedeutung

Mit dem wirtschaftlichen Aufschwung in den 1960er-Jahren änderte sich das Bild. Immer mehr Nahrungsmittel kamen im Überfluss in die Regale der Supermärkte. Heutzutage ist zu jeder Jahreszeit frisches Obst und Gemüse erhältlich. Was bei uns nicht produziert werden kann, wird importiert. Kräuter und Gemüse aus dem Garten sind kaum noch gefragt.
Seit den 1970er-Jahren verlieren deshalb auch die Nutzgärten an Bedeutung. Sie werden verkleinert oder stillgelegt, weil sie zu viel Arbeit und Mühe machen. Gärten werden in sterile Rasenflächen mit einer Einfassung aus Koniferen umgewandelt. Heute findet man zudem mehr oder weniger große Steinwüsten in den ohnehin schon sehr kleinen Gärten. Die Vielfalt wird abgeschafft. Die Gärten sind nur noch pflegeleicht, haben aber sonst nicht viel zu bieten. Mit der Umgestaltung der Hausgärten ist nicht nur eine ökologische Vielfalt, sondern auch viel Wissen um Anbau, Ernte und Verarbeitung von Nutzpflanzen verloren gegangen.

Trendwende

Angesichts der vielen Lebensmittelskandale, die nicht nur den Fleisch- und Eierkonsum betreffen, sondern auch vor Obst und Gemüse nicht haltmachen, scheint sich der Trend in den letzten Jahren wieder umzukehren.
Das Vertrauen in das Supermarktgemüse ist erschüttert. Biogemüse auf Wochenmärkten genießt einen weitaus besseren Ruf. Doch das Vertrauen in ein gesundes Produkt ist nicht alles. Die Menschen möchten nicht mehr nur konsumieren. Viele möchten teilhaben an der Nahrungsmittelproduktion, am Säen und Ernten und an der Zubereitung von Nahrungsmitteln. Das Wissen darum, das früher ganz selbstverständlich von Eltern und Großeltern abgeschaut werden konnte, muss die heutige Generation der jungen Erwachsenen erst wieder ausgraben und neu erlernen. Das mag anstrengend sein, birgt aber auch Chancen. Die jungen Leute gehen unvoreingenommen und mit unkonventionellen Ideen an das Gärtnern heran. Es weht ein frischer Wind im Garten.

Gärtnern in der Stadt

Die Sehnsucht nach einem Stück Garten, in dem man sich mit Obst, Gemüse und Kräutern selbst versorgen kann, scheint auch in den dicht besiedelten Städten groß zu sein. Noch vor wenigen Jahren schien das Gärtnern mit dem Leben in der Stadt unvereinbar zu sein. Doch heute entstehen flächendeckend urbane Gartenprojekte, die mit den ursprünglichen Vorstellungen eines Gartens nur noch wenig zu tun haben. Die Gärten sind ganz unterschiedlich organisiert.

Gemeinschaftsgärten

Die urbanen Gemeinschaftsgärten sind weniger Orte der Ruhe, sondern vielmehr lebhafte Orte der Begegnung. Unbekümmert und mit viel Kreativität werden hier auf unkonventionelle Weise Obst, Gemüse und Kräuter angebaut. Die Pflanzen wachsen in Kisten und Säcken, stehen auf Paletten und hängen an der Wand. Viele der Gärtner und Gärtnerinnen hatten anfangs kaum Erfahrung mit dem Umgang mit Pflanzen. »Learning by doing« heißt das Motto, sich gegenseitig helfen und Erfahrungen austauschen. Einige der Gärten haben nur Gemeinschaftsflächen, andere verpachten auch für jeweils eine Saison kleine Beete, die eigenständig bewirtschaftet werden können.

Einer der ersten und wohl auch der bekannteste Gemeinschaftsgarten ist der Prinzessinnengarten in Berlin-Kreuzberg. Im Jahr 2009 von Robert Shaw und Marco Clausen gegrün-

✸ Urbanes Gärtnern in einem Hinterhof: gelungener Mustergarten der Umwelt-Bildungs-Initiave OWL im Rahmen der Landesgartenschau 2017 in Bad Lippspringe.

det, hat sich das Projekt rasant weiterentwickelt. Auf der 6000 Quadratmeter großen Fläche werden ausschließlich Nutzpflanzen angebaut. Da von der Stadt nur befristete Pachtverträge vergeben werden, legen die Betreiber großen Wert auf Mobilität. Es kann schließlich sein, dass der Garten umziehen muss. Daher wird das Gemüse auf Europaletten in Bäckerkisten und in Säcken angebaut, die mit einem Hubwagen transportiert werden können. Inzwischen gibt es im Prinzessinnengarten ein Gartencafé, mobil, in einem Überseecontainer, in dem ein Teil der Ernte aus dem Garten zubereitet und verkauft wird. Zudem werden Workshops zu »grünen« Themen angeboten und Hilfestellung für neue Gärten in der Gründungsphase gegeben.

❋ Der Zugang zu gesunden und frischen Nahrungsmitteln spielt eine große Rolle bei der Selbstversorgung.

Selbsterntegärten

Selbsterntegärten gibt es inzwischen in oder ganz in der Nähe von vielen Städten. Sie funktionieren nach einem einfachen Prinzip: Erfahrene Landwirte oder Gärtner bestellen im Frühjahr einen Acker mit vielen verschiedenen Gemüsearten. Der Acker wird in Parzellen unterteilt, die jeweils für eine Saison verpachtet werden. Als Pächter übernehmen Sie also einen fertig bestellten Garten. Den ganzen Sommer über können sie beobachten, gießen, ernten und nachpflanzen. Selbsterntegärten sind optimal für Anfänger. Die Anbieter stellen Gartengeräte zur Verfügung und bieten, z. B. in Form von Infopaketen und regelmäßigen Newslettern, Hilfestellung bei der Gartenpflege.

Urbane Privatgärten

Nicht jeder Mensch hat unbedingt Lust in Gemeinschaft zu gärtnern. Manch einer möchte vielleicht nur zuhause, ganz in Ruhe und ohne Verpflichtungen, ein bisschen Gemüse anbauen oder ein paar Kräuter auf dem Balkon ziehen. Das ist selbstverständlich ebenso möglich, auch in der Stadt. In diesem Buch finden Sie eine ganze Reihe von Vorschlägen, wie Sie ganz einfach und auf unkonventionelle Weise Ihr eigenes Gemüse ziehen. Es werden Möglichkeiten aufgezeigt, wie Sie in kleinen oder etwas größeren Gefäßen auf dem Balkon gärtnern können. Zudem finden Sie Anregungen für kleine Hochbeete, die Sie, unabhängig vom Boden, z. B. auf einer Terrasse oder in einem Hinterhof aufbauen können. Die Beete stehen auf Europaletten, sind damit mobil und können beliebig erweitert werden. Stehen sie an einem sonnigen Platz, steht einer Ernte von frischem Gemüse nichts im Wege.

Warum wir Gärtnern

Beweggründe für das Gärtnern gibt es viele. Die einen möchten selbstgezogenes, garantiert unbehandeltes Gemüse ernten, andere bewegen sich gern an der frischen Luft oder sind auf der Suche nach einer produktiven Freizeitbeschäftigung. Gärtnern kann man in anregender Gesellschaft oder in Ruhe, ganz für sich allein. Es gibt auch Gründe, die man gar nicht so richtig in Worte fassen kann. Man spürt einfach nur, dass Gärtnern gut tut.

Biophiliaeffekt

Schon seit langem ist bekannt, dass der Aufenthalt in der freien Natur stressmindernd wirkt. Ein Spaziergang wirkt stimmungsaufhellend, Patienten, die im Krankenhaus einen Blick auf freie Landschaft oder auch nur auf einen Baum haben, genesen schneller als jemand, der diesen Ausblick nicht hat. Für die Liebe des Menschen zum Leben bzw. zu Lebendigem hat die Wissenschaft einen Namen gefunden: die Biophilie. Einige Wissenschaftler glauben, dass diese Zuneigung angeboren und im Erbgut verankert ist. Sie weisen darauf hin, dass sich nicht nur unser Bewegungsapparat und unser Stoffwechsel im Kontakt und in der Auseinandersetzung mit der Natur entwickelt haben, sondern dass auch unsere Sinneswahrnehmungen und unser Bewusstsein in diesem Kontext entstanden sind. Über mehrere Millionen Jahre war der Mensch auf allen Ebenen mit der Natur verbunden. So erklärt die Wissenschaft, dass Menschen die Natur für ihre psychische Gesundheit brauchen. Das Gärtnern, der Umgang mit Pflanzen, ist für viele Menschen eine Möglichkeit, mit der Natur in Kontakt zu treten.

Gesunde Ernährung

Der Wunsch nach frischen Nahrungsmitteln als Grundlage für eine gesunde Lebensweise ist der häufigste Grund für die Selbstversorgung mit Gemüse, Obst und Kräutern. Eine besondere Verantwortung tragen Eltern von kleinen Kindern. Das Essverhalten eines Menschen wird entscheidend in den ersten Lebensjahren geprägt. Kinder lernen am Vorbild ihrer Eltern und durch eigene praktische Erfahrungen. Sie lernen mit allen Sinnen. Positive, emotionale Erlebnisse in Verbindung mit Nahrungsmitteln haben mehr Einfluss als kognitives Ernährungswissen. Ein guter Grund dafür, Kinder beim Gärtnern und beim Kochen mit einzubeziehen.

✸ Der Kontakt mit der Natur ist für viele Menschen entspannend und stressmindernd.

Alternative Gefäße für Balkon und Terrasse

Auf dem grünen Markt hat sich in Sachen »Gefäße für Balkon und Terrasse« in den letzten Jahren viel getan. Die altbewährten Kästen, die am Balkongeländer befestigt werden, bekommen Sie nun in verschiedensten Formen, Farben und aus den unterschiedlichsten Materialien. Neben den schweren Kübeln aus Terrakotta können Sie auch Gefäße aus leichten Kunststoffen, aus Fiberglas oder Stein kaufen. Noch relativ neu auf dem Markt sind Pflanztaschen aus speziellen Geweben. Sie sind sehr leicht, mehrfach nutzbar und können platzsparend aufbewahrt werden. Zur Bepflanzung lassen sich aber auch Behältnisse verwenden, die ursprünglich einem anderen Zweck zugedacht waren. So können Sie z. B. Konservendosen, Holzkisten, Einkaufstaschen und vieles mehr bepflanzen. Zahlreiche Dinge, die sonst achtlos weggeworfen würden, können so recycelt und im wahrsten Sinne des Wortes mit neuem Leben erfüllt werden.

Größe und Beschaffenheit

Je größer ein Pflanzgefäß ist, desto mehr Wurzelraum steht zur Verfügung. Pflanzen brauchen Platz, um ihre Wurzeln ausbreiten zu können. Sie sorgen für Halt und Standfestigkeit. Mit den Wurzeln nehmen die Gewächse Wasser

✳ Kleine Konservendosen eignen sich für die Pflanzenanzucht. In größere Dosen können Sie Salat pflanzen.

✳ Pflanztaschen sind robust. Auch Einkaufstaschen können bepflanzt werden, wenn sie Löcher im Boden haben.

und Nährstoffe auf, die in der Erde gespeichert sind. Je größer das Gefäß ist, desto größer kann auch der Wasser- und Nährstoffvorrat sein. Das ist besonders für große, schnell wachsende Pflanzen, wie z. B. Tomaten, ein Vorteil.

Wasserversorgung

Während es bei Wärme und Trockenheit wichtig ist, die Pflanzen ausreichend zu gießen, müssen Sie in Regenperioden darauf achten, dass die Pflanzenwurzeln nicht dauerhaft im Wasser stehen. Daher müssen Pflanzgefäße unbedingt Löcher haben, aus denen überschüssiges Wasser wieder abfließen kann. Wenn Sie Töpfe oder Kübel kaufen, die für eine Bepflanzung bestimmt sind, sind in der Regel Wasserabzugslöcher vorhanden. Recyceln Sie Gefäße, die ursprünglich für etwas anderes verwendet wurden, sollten Sie nachträglich Löcher in den Boden bohren oder schneiden.

Vertical Gardening

»Vertical Gardening« ist ein beliebter Trend in der »Urban Gardening« Szene. Wenn Balkon oder Terrasse klein sind, lohnt es sich, auch die Wandflächen zu nutzen. Im Gartenfachhandel gibt es ausgeklügelte Systeme für die Wandbegrünung. Dazu gehören z. B. Pflanztaschen mit Wandbefestigung und mehrstöckige Regale für Blumentöpfe. Bei vielen Profi-Systemen sind mehrere Pflanzbereiche miteinander verbunden, was die oft auch automatisierte Wasserversorgung einfacher macht.
Für das »Vertical Gardening« können Sie auch unkonventionelle Gefäße nutzen. Konservendosen und Tetrapacks lassen sich z. B. mithilfe von Kabelbindern an Rankgerüsten oder einfach am Balkongeländer befestigen. Als Pflanztaschen eignen sich Ordnungshelfer, die eigentlich im Kleiderschrank angebracht werden.

✽ Ausgediente Weinkisten aus stabilem, unbehandeltem Holz können viele Jahre als Pflanzkiste benutzt werden.

✽ Schuhorganizer eignen sich als Pflanztaschen zur Wandbegrünung. Das Material ist wasserdurchlässig.

Einfache Paletten-Beete

Für alle, die draußen mehr Platz haben, als auf einem Balkon vorhanden ist, bietet sich die Möglichkeit, ein kleines Beet auf einer Europalette aufzubauen. So ein Beet ist flexibel. Es lässt sich mit einem Hubwagen an einen anderen Ort transportieren oder in der nächsten Saison woanders aufbauen. Ein Paletten-Beet ist unabhängig vom Boden. Versiegelte oder schadstoffbelastete Flächen können ebenso genutzt werden wie ein normaler Gartenboden. Die Pflanzen wachsen ohne Verbindung zum Untergrund, nur im Pflanzsubstrat der Kiste.

Grundlage Europalette

Die Europalette ist seit mehr als 50 Jahren das Transportmittel Nr. 1 in Europa. Sie besteht aus neun Holzklötzen, elf Brettern und 78 Nägeln, die in Spezialbetrieben zu einer Palette mit den Grundmaßen 120 × 80 × 14,4 cm zusammengebaut werden. Europaletten sind robust und tragen ein Gewicht von bis zu 1500 kg.

Bis zum Jahr 2010 wurden die Paletten gegen Holzschädlinge mit giftigem Methylbromid begast. Seitdem ist die chemische Behandlung verboten und das Holz wird nur noch hitzebehandelt. Achten Sie bei den Paletten auf die Buchstaben »HT« für »Heat Treatment« im Brandzeichen auf den Holzklötzen, denn eine chemisch behandelte Palette hat im Garten nichts zu suchen.

Mit einer oder mehreren Europaletten als Grundlage können Sie mit speziellen Aufbauten, die auf die Größe der Palette abgestimmt ist, kleine Beete bauen.

❋ Mit einer Palette und zwei Faltrahmen aus Holz können Sie schnell ein einfaches Kastenbeet bauen.

❋ Mit starren Palettenrahmen aus der Schweiz haben Sie schnell ein ansehnliches Kräuter- oder Gemüsebeet.

Aufbauten für Beete

Um ein Gemüse- oder Kräuterbeet auf einer Palette zu errichten, gibt es viele Möglichkeiten. Aus verschiedenen Materialien können Beete in unterschiedlichen Höhen gebaut werden.

Holzrahmen

Für Europaletten gibt es passgenaue Holz-rahmen, die mit wenigen Handgriffen zu einer Kiste zusammengesteckt sind. Von den 20 cm hohen Rahmen können Sie mehrere über-einander anbringen. Die Rahmen haben an den Ecken Scharniere, sodass sie zur Lagerung einfach zusammengeklappt werden können. Neben der faltbaren Variante gibt es auch starre Holzrahmen, die mit ihren rostroten Ecken aus Metall und den Griffen im oberen Rand richtig edel wirken. In Österreich und in der Schweiz sind diese Rahmen Standard, in Deutschland sind sie nicht ganz leicht zu bekommen.

Big-Bags

Ein Big-Bag ist ein großer, flexibler Schüttgut-behälter aus einem stabilen, aber wasserdurch-lässigen Kunststoffgewebe. An der offenen Seite hat er mehrere feste Schlaufen, an denen der Sack angehoben und entleert werden kann. Ein Big-Bag füllt die Fläche einer Palette aus. Für ein Beet schlagen Sie den oberen Rand des Sacks um und ziehen diesen so weit herunter, dass er noch eine Höhe von etwa 60 cm hat.

Bäckerkisten

Eurostapelkisten mit durchbrochenen Wänden und Boden werden landläufig als Bäcker-kisten bezeichnet. Mit einem Grundmaß von 40 × 60 cm passen genau vier Kisten auf eine Europalette. Die Kisten sind in verschiedenen Höhen erhältlich. Für ein Kistenhochbeet werden z. B. zwei 32 cm hohe Kisten über-einandergestapelt, sodass auf einer Paletten eine Beethöhe von fast 80 cm erreicht wird.

✳ Ein Big-Bag ist die günstigste Beetvariante. Sie bekommen die großen Säcke schon für wenige Euro.

✳ Durch den doppelstöckigen Aufbau der Bäckerkisten haben die Pflanzen einen großen Wurzelraum verfügbar.

Kreatives Gärtnern auf Balkon und Terrasse

Welche Erde eignet sich?

Pflanzen, die im Freiland wachsen, sind mit ihren Wurzeln im Boden verankert. Im Boden finden sie Halt und aus dem Boden nehmen sie Wasser sowie die darin gelösten Nährstoffe auf. Ebenso wichtig sind luftgefüllte Poren im Erdreich, denn auch Pflanzenwurzeln brauchen Luft zum Atmen. Im Freiland haben Wurzeln viel Platz, um sich auszubreiten. Sie können ungünstige Situationen ausgleichen. In geschlossenen Gefäßen dagegen sind sie in einem engen Raum eingepfercht. Logisch, dass dort die Bedingungen optimal sein müssen, denn es gibt keine Ausweichmöglichkeiten.

Was macht gute Erde aus?

Die verschiedenen Erdenhersteller haben ihre eigenen Rezepte entwickelt, um den Pflanzenbedürfnissen gerecht zu werden. Sie stellen ihre

Was kann eine gute Erde?

- Den Pflanzen Halt geben, dafür muss die Erde schwer genug sein.
- Den Wurzeln genügend Luft bereitstellen, dafür muss die Erde locker sein und darf beim Wässern nicht verschlämmen.
- Den Pflanzen Nährstoffe zur Verfügung stellen, dafür muss die Erde aufgedüngt sein.
- Den Pflanzen Wasser bereitstellen, dafür muss die Erde Wasser speichern und wieder abgeben können.

Erden aus verschiedenen organischen und mineralischen Bestandteilen zusammen. In der Regel können Sie sich auf die Qualität namhafter Hersteller verlassen. Von einer »Billigerde« ist allerdings abzuraten. Die Qualität schwankt sehr stark und oftmals werden minderwertige Ausgangsstoffe verwendet, die den günstigen Preis ermöglichen.

Universal- oder Spezialerde?

Im Gartencenter oder im Baumarkt wird eine große Auswahl an Spezialerden für verschiedene Pflanzengruppen angeboten. Es schadet nichts, diese Erde zu verwenden. Es ist aber nicht notwendig, für jeden Zweck eine andere Erde zu kaufen. Eine gute Universalerde kann für alle Gemüsearten verwendet werden.

❋ Im Gartencenter haben Sie eine riesige Auswahl an Spezialerden, die aber nicht unbedingt notwendig sind.

Genauso gut können Sie eine Gemüse- oder Tomatenerde verwenden oder eine Balkon- und Geranienerde. Diese Erden enthalten viele Nährstoffe für die ersten sechs bis acht Wochen.

Aber keine Regel ohne Ausnahme: Für Kräuter und Aussaaten ist eine Spezialerde unbedingt empfehlenswert. Sie enthält weniger Nährstoffe und hat eine feinere Struktur, was den Ansprüchen dieser Pflanzen besser entspricht. Gerechtfertigt ist außerdem eine Spezialerde für Moorbeetpflanzen. Diese benötigen für ihre Nährstoffaufnahme ein Substrat mit niedrigem pH-Wert. Moorbeeterde, oft unter der Bezeichnung »Rhododendronerde« zu finden, spielt aber für die hier beschriebenen Pflanzen keine Rolle. Es sei denn, Sie möchten Kulturheidelbeeren auf dem Balkon kultivieren, die zu dieser Pflanzengruppe gehören.

Torfhaltige oder torffreie Erde?

Weißtorf war über viele Jahre der wichtigste Bestandteil der Kultursubstrate. Durch sein hohes Porenvolumen und seine Wasserspeicherfähigkeit hat er optimale Eigenschaften für das Pflanzenwachstum in Gefäßen. Dennoch wird heute von der Verwendung torfhaltiger Erden abgeraten, um die Zerstörung wertvoller Ökosysteme durch den Torfabbau zu stoppen. Darüber hinaus wird beim Torfabbau vermehrt klimaschädliches Kohlendioxid freigesetzt. In torffreien Erden wird der Torf durch Holz- oder Kokosfasern ersetzt und mit Grüngutkompost und Rindenhumus gemischt. In verschiedenen Tests schneiden torffreie Erden genauso gut ab wie torfhaltige Erden, sodass ihre Verwendung inzwischen durchaus empfohlen werden kann.

Erde wiederverwenden

Für das Füllen der Gefäße brauchen Sie eine Menge Erde. In kleinen Töpfen und Kisten ist die Erde nach einer Saison stark durchwurzelt und aufgebraucht. Sie kann dann nur noch kompostiert werden. Anders sieht es in großen Gefäßen aus. Entfernen Sie nach der Saison den Bewuchs und schütteln Sie die Wurzelballen aus. Im nächsten Jahr lockern Sie die Erde auf und mischen etwas organischen Dünger unter. Füllen Sie das Gefäß mit frischer Erde auf. Setzen Sie im zweiten Jahr nicht die gleichen Pflanzen wie im Vorjahr ein, sondern einen Vertreter einer anderen Pflanzenfamilie.

✺ Mit einer Universalerde und einer Kräuter- und Aussaaterde sind Sie für alle Zwecke gut ausgerüstet.

Pflanztaschen aus dem Handel

Spezielle Pflanztaschen sind seit einigen Jahren im Handel erhältlich. Sie sind leicht, können mehrfach verwendet werden, und vor allen Dingen lassen sie sich über Winter platzsparend verstauen. Pflanztaschen werden aus verschiedenen Materialien hergestellt, z. B. aus stabilem Kunststoffgewebe, aus dickem Filz oder aus festem Vliesstoff. Meine Filztaschen sahen anfangs sehr hochwertig aus, setzten aber im Laufe der Saison unschöne Kalkränder an, die sich nicht entfernen ließen. Die Taschen aus dem Kunststoffgewebe dagegen hatten keine Gießränder und ließen sich leicht reinigen.

Spezialtaschen für Gemüse

Alle abgebildeten Pflanztaschen aus robustem Kunststoffgewebe sind luft- und wasserdurch-lässig. Sie haben im Boden durch Ösen verstärkte Drainagelöcher, damit überschüssiges Wasser abfließen kann. In den eckigen Taschen ist im oberen Rand der Längsseiten jeweils ein Rundholz eingearbeitet. Damit bleiben die mit Erde gefüllten Behälter in Form. Weiterhin haben die Hersteller einige Pflanztaschen zusätzlich ausgestattet. Die orangefarbene Karottentasche ist z. B. besonders tief, damit lange, schlanke Möhren in der lockeren Erde wachsen können. Die blaue Tasche ist mit Hohlsäumen versehen, in die Rankstäbe für Erbsen und Bohnen gesteckt werden können. Ein ähnliches Modell gibt es auch für Tomaten. Das runde, grüne Gefäß ist eine Universaltasche für verschiedene Gemüse. Sie kann ganz nach Belieben bepflanzt werden. Höhere, runde Gefäße eignen sich sehr gut, um Kartoffeln anzubauen.

✳ Möhren können schon im April gesät werden, Mais und Bohnen erst ab Mitte Mai.

✳ Nach der Pflanzung bzw. Aussaat wird die Erde in den Pflanztaschen gut angegossen.

Die Taschen bepflanzen

Pflanztaschen werden genauso bepflanzt wie andere Gefäße auf dem Balkon oder der Terrasse. Geben Sie unten in die Tasche eine Drainageschicht aus grobem Material, um den Abfluss von Überschusswasser zu ermöglichen. Füllen Sie die Taschen bis zum Rand mit einer guten Universal- oder Gemüseerde. Wollen Sie Kräuter pflanzen, nehmen Sie stattdessen eine Kräutererde. In der Erbsen- und Bohnentasche stecken Sie an jedem Rankstab drei bis vier Samen etwa 3 cm tief in die Erde. In der Karottentasche säen Sie zwei Reihen Möhren aus. Dazwischen hat eine Reihe Steckzwiebeln Platz. Die Universaltasche wird ganz nach Belieben bepflanzt. Hier werden drei vorgezogene Zuckermaispflanzen sowie drei Gewürztagetes eingesetzt. Der stark zehrende Mais muss nach sechs Wochen regelmäßig nachgedüngt werden. Für Möhren und Bohnen reichen die Nährstoffe bis zur Ernte aus.

Spezialtaschen für Gemüse

- Karottentasche: extra tief für Möhren und andere Wurzelgemüse
- Erbsen- und Bohnentasche: mit Hohlsäumen für Rankstäbe versehen
- Tomatentasche: wird mit Rankhilfe für Buschtomaten geliefert
- Kartoffeltasche: runder, tiefer Sack für eine große Kartoffelernte
- Erdbeer- oder Kräutertopf: eine große und mehrere kleine Öffnungen seitlich

✽ Der Plan bzw. die Saat ist aufgegangen: Aus der Tasche können viele schlanke Möhren geerntet werden.

✽ Bohnen und Mais bilden in den Pflanztaschen einen regelrechten Dschungel.

Pflanztaschen Modell Supermarkt

Aus ähnlichem Material wie die eigens für eine Bepflanzung angebotenen Taschen sind die Einkaufstaschen, die Sie an den Kassen vieler Supermärkte für den Transport Ihres Einkaufs erwerben können. Die Taschen sind sehr stabil und für den mehrfachen Gebrauch ausgelegt. Doch wer kennt das nicht: Trotz aller guten Vorsätze, die Taschen beim nächsten Einkauf wieder mitzunehmen und erneut zu nutzen, werden sie schnell vergessen und bleiben zu Hause liegen. In kürzester Zeit haben sich mehrere Taschen angesammelt, die man sicherlich nicht alle zum Einkaufen benötigt. Eine geniale Weiterverwendungsmöglichkeit besteht in der Bepflanzung der Taschen. Der Werbeaufdruck auf den Taschen ist zwar nicht besonders dekorativ, aber die Tasche erfüllt ihren Zweck. Außerdem lässt sich die Werbung leicht mit überhängenden Pflanzen verdecken.

Die Taschen vorbereiten

Pflanzen vertragen keine Staunässe. Da einige der Einkaufstaschen aus wasserdichtem Material bestehen, ist es wichtig, in den Boden der Taschen Löcher hineinzustanzen. Ganz leicht und schnell geht das mit einem Bürolocher. Füllen Sie ein Drainagematerial wie Kies oder Blähton unten in die Tasche, damit die eingestanzten Löcher frei bleiben und nicht verstopfen. Füllen Sie die Tasche mit einer Universal- oder Gemüseerde auf.

Die Taschen bepflanzen

Bei der Bepflanzung der Taschen stehen Ihnen viele Möglichkeiten offen. Sie können z. B. verschiedene Salate pflanzen oder aussäen, die

● Mit einem Bürolocher können Sie schnell die nötigen Wasserabzugslöcher in den Taschenboden stanzen.

● Auf die Drainageschicht unten in der Tasche wird Universal- oder Gemüseerde gefüllt.

schnell erntefertig heranreifen. Dazu passen im Frühjahr z. B. Radieschen. Im Laufe der Saison können Sie ein zweites Mal Salat nachpflanzen. Sie können auch ausdauernde oder einjährige Kräuter hineinsetzen, von denen Sie die ganze Sommersaison über ernten können, wie z. B. Petersilie, Schnittlauch oder Basilikum. Eine weitere Möglichkeit sind Gemüsearten, die über längere Zeit beerntet werden können, wie der unten zu sehende buntstielige Mangold. Von dieser dekorativen Pflanze ernten Sie die äußeren Blätter und lassen dabei das Herz stehen. Die Pflanzen regenerieren sich von innen heraus und bilden bis zum Herbst neue Blätter.

In größeren Einkaufstaschen wächst z. B. auch eine Zucchinipflanze. Die Zucchiniblätter bedecken schnell die gesamte Erdoberfläche der Tasche. Regenwasser läuft über die Blätter nach außen hin ab und gelangt nicht mehr in das Gefäß. Gießen Sie die großblättrigen Pflanzen daher täglich und ausreichend.

Rankpflanzen für die Tasche

Wenn Sie den Werbeaufdruck auf den Einkaufstaschen als störend empfinden, bepflanzen Sie die Taschen mit rankenden Pflanzen, die den Aufdruck schnell überwuchern. Sehr raschwüchsig und über die ganze Saison beständig ist die Kapuzinerkresse. Wählen Sie eine Sorte der klein bleibenden Art *Tropaeolum minor*, die für Gefäße immer noch eine ausreichende Größe erreicht.

Alternativ können Sie ab Mitte Mai auch Buschbohnen in die Tasche säen oder pflanzen, die den Taschenrand ebenfalls innerhalb kürzester Zeit überwuchern.

❋ In der Tasche haben zwei nichtrankende Kapuzinerkressen und zwei buntstielige Mangoldpflanzen Platz.

❋ Die Kapuzinerkresse mit ihren essbaren Blüten verdeckt nach kurzer Zeit die Werbung auf der Tasche.

Nähen für Gärtner

Die blaue Schwedentasche ist in vielen Haushalten zu finden. Hübsch ist sie nicht unbedingt, aber total praktisch. Man kann sie nicht nur als Strandtasche verwenden oder einen Großeinkauf darin transportieren. Sie lässt sich auch prima als Pflanztasche verwenden. Mit einer Wachstuchdecke können Sie den Beutel ganz individuell verschönern. Die Taschen gibt es in verschiedenen Größen. Zur Bepflanzung eignet sich die große, eckige Tasche (Maße siehe Kasten rechts).

① Um aus der blauen Tasche eine stabile Pflanztasche herzustellen, nähen Sie den Beutel aus Wachstuch noch einmal nach und stellen beide Taschen ineinander. Genaue Material- und Werkzeugangaben finden Sie rechts im Kasten.

② Für den Zuschnitt des Wachstuchs fertigen Sie zunächst ein Schnittmuster aus Packpapier

Werkzeug und Material

- 1 große, eckige, blaue Schwedentasche, L × B × H = 56 × 34 × 36 cm
- Wachstuch 110 × 130 cm
- farblich passendes Nähgarn
- Packpapier für Schnittmuster
- 2 Rundhölzer, 1 cm ∅, 52 cm lang
- 6 Ösen mit Scheiben
- Stoffklammern
- Schere
- Maßband
- Hammer
- Nähmaschine mit Jeansnadel

an. Übertragen Sie die Maße der Tasche auf das Papier. Legen Sie das Schnittmuster auf das Wachstuch. Geben Sie rundherum 1 cm Nahtzugabe hinzu und schneiden Sie das Wachstuch zu.

③ Legen Sie die Seitennähte rechts auf rechts aufeinander und fixieren Sie die Nähte mit Stoffklammern (Stecknadeln würden Löcher im Wachstuch hinterlassen). Nähen Sie die Seitennähte mit der Nähmaschine zu.

④ Schneiden Sie die langen Träger der blauen Tasche ab. Ziehen Sie die Schwedentasche auf links, sodass die Nahtzugaben außen zu sehen sind. Stellen Sie den blauen Beutel in die Wachstuchtasche. Die Wachstuchtasche soll

etwa 2 cm niedriger sein als die blaue Tasche. Schneiden Sie den Rand der Wachstuchtasche entsprechend ab. Nun schlagen Sie den Rand der Innentasche über den der Außentasche und fixieren ihn rundherum mit Stoffklammern.

(5) Pflanztaschen brauchen Wasserabzugslöcher, damit überschüssiges Gieß- oder Regenwasser abfließen kann. In Stoffgeschäften erhalten Sie Messingösen, von denen Sie sechs Stück mit einem Hammer in den Boden der Tasche einschlagen. Löcher, deren Ränder mit Ösen verstärkt sind, reißen nicht aus.

(6) Nähen Sie den umgeschlagenen Rand der Tasche mit der Nähmaschine an. Dabei lassen Sie an jeder langen Seite ein Stück der Naht auf. In diese Öffnungen schieben Sie die bereitgelegten Rundhölzer. Durch die Verstärkung der Taschenränder bleibt die Pflanztasche auch in Form, wenn sie mit Erde gefüllt ist.

(7) Mit einer zweiten, farblich oder im Muster abgestimmten Tasche haben Sie ein fröhliches

Duo für die Balkon- oder Terrassenbepflanzung. Die Taschen haben ein relativ großes Volumen, sodass sie auch mit starkwüchsigen Pflanzen bestückt werden können.

(8) Damit sich die mit Ösen verstärkten Wasserabzugslöcher in den Taschen nicht zusetzen, füllen Sie die Tasche unten mit einer etwa 5 cm dicken Drainageschicht, z. B. aus Blähton. Starkwüchsige Pflanzen brauchen in der Regel auch viele Nährstoffe. Füllen Sie die Pflanztaschen daher mit einer gut aufgedüngten Gemüseerde.

(9) Im Kasten auf Seite 25 finden Sie verschiedene Bepflanzungsvorschläge für Ihre verschönerten Schwedentaschen. Gemüsejungpflanzen bekommen Sie im Gartencenter, oder Sie ziehen die Pflanzen selbst an. Weitere Informationen zur Pflanzenanzucht finden Sie auf den Seiten 102–103. Eine große Auswahl an Minzen und Melisse finden Sie in speziellen Kräutergärtnereien. Eine Bezugsquelle für Kräuter und Duftpflanzen finden Sie auf Seite 123.

⑩ Einige Wochen nach der Bepflanzung sind die Minzen und die Melisse in den Pflanztaschen gut eingewachsen. Um die Bepflanzung etwas bunter zu gestalten, wurden in der grünen Tasche noch einige rote Minipetunien dazugesetzt. Sowohl Minzen als auch Melisse können frisch oder getrocknet für die Zubereitung eines erfrischenden Tees genutzt werden. Während die echten Zitronenmelissen (Sorten der *Melissa officinalis*) das Zitronenaroma beim Trocknen weitgehend einbüßen, hält sich das Aroma der mit der Katzenminze verwandten Weißen Melisse besser.

Sowohl die Minze als auch die Zitronenmelisse und die Weiße Melisse sind winterhart. Stellen Sie die Taschen im Spätherbst geschützt an einer Hauswand auf. Gießen Sie die Pflanzen hin und wieder. Sie treiben im Frühjahr wieder aus und liefern erneut aromatische Blätter.

Bepflanzungsvorschläge für die Schwedentasche

Gemüse

- Kürbis, eine Pflanze pro Tasche, z. B. »Hokkaido« oder »Butternut«
- Zucchini, zwei Pflanzen pro Tasche, z. B. 'Gold Rush' oder 'Diamant'
- Mangold, fünf Pflanzen pro Tasche, z. B. 'Bright Lights' oder 'Rainbow'

Kräuter

- Minze, zwei Pflanzen pro Tasche, z. B. Pfefferminzen oder fruchtige Minzen
- Melisse, zwei Pflanzen pro Tasche, z. B. Zitronenmelisse oder Weiße Melisse, die ebenfalls ein Zitronenaroma hat.

Gemüse aus dem Einkaufskorb

Gefäße jeglicher Art eignen sich für eine Bepflanzung. So auch diese ausrangierten Einkaufskörbe. Sie müssen lediglich dafür sorgen, dass sich kein Überschusswasser in den Pflanzgefäßen sammelt, das das Pflanzenwachstum schnell beeinträchtigen würde. Um die Körbe von innen vor Nässe zu schützen, legen Sie sie jeweils mit einem Folienbeutel aus. Für den Wasserabzug muss die Folie allerdings am Boden der Gefäße durchlöchert werden. Der Boden des Korbes wird sicherlich ein wenig unter der Feuchtigkeit leiden, die Wände bleiben aber schön trocken, sodass eventuell auftretende »Wasserschäden« kaum zu sehen sind.

Die Henkel der Körbe können Sie als Rankhilfe oder zum Aufhängen nutzen. Wenn sie stören, schneiden Sie sie ab oder heften Sie sie an.

Kräuter und Salat im Korb

Der Weidenkorb wird im Frühjahr mit Schnittlauch, einer Gewürztagetes und zwei verschiedenen Salaten bepflanzt. Die Tagetessorte 'Orange Gem' verbreitet eine wunderbaren Duft. Mit ihren dekorativen, essbaren Blüten können Sie viele Salatteller verzieren. Die Tagetes blüht bis zum Frost. Sollte sich die Pflanze im Korb zu breit machen, schneiden Sie sie einfach etwas schmaler. Auch der Schnittlauch kann die ganze Saison über beerntet werden. Sobald er blüht, schneiden Sie ihn komplett zurück. Die Pflanze treibt bald wieder frische Blattröhren aus. Auch die Schnittlauchblüten sind essbar. Auseinandergezupft über einen Salat oder über Rührei gestreut, sorgen sie für eine kräftige Würze. Die beiden

❋ Um den Korb von innen vor Feuchtigkeit zu schützen, kleiden Sie ihn mit einer unten gelöcherten Folie aus.

❋ Wärmebedürftige Pflanzen wie Mex. Minigurke und Ananaskirsche werden frühestens Mitte Mai ausgepflanzt.

Salate in dem Korb können nach der Ernte noch einmal nachgepflanzt werden. Streuen Sie etwas frische Erde auf und säen Sie dann z. B. Salatrauke oder Asia-Salat aus.

Mexikanische Minigurke für den runden Korb

Der runde Korb aus Seegras soll mit einer Mexikanischen Minigurke bepflanzt werden. Die Früchte der Minigurke sehen aus wie winzig kleine Wassermelonen, schmecken aber wie Gurken. Sie brauchen Wärme und genügend Nährstoffe, sind aber sonst sehr unkompliziert. Die Pflanzen können Sie selbst anziehen und ab Mitte Mai im Freien auspflanzen. Mexikanische Minigurken sind Rankpflanzen. Lassen Sie die Gurken an einer Rankhilfe emporklettern oder hängen Sie den Korb auf, damit die Ranken nach unten wachsen können.

Ananaskirsche im Bastkorb

Auch die Ananaskirsche ist eine ganz besondere Naschfrucht für den Balkon. Sie ist verwandt mit der weitaus größer werdenden Andenbeere. Die Früchte sind kleiner als die der Andenbeere, werden dafür aber viel früher reif. Sie schmecken wie eine Mischung aus Ananas und Apfel. Richtig reif sind sie, wenn die lampionartigen Fruchthüllen gelb und trocken werden und von allein abfallen. Die Ananaskirsche gehört zur gleichen Familie wie die Tomate und stellt auch ähnliche Ansprüche. Säen Sie die Pflanzen etwa Anfang März in einer kleinen Schale auf der Fensterbank aus. Pikieren Sie sie nach etwa drei Wochen und pflanzen Sie sie nach weiteren vier Wochen in einen Topf mit nährstoffhaltiger Erde. Mitte bis Ende Mai kann die Pflanze in ein größeres Gefäß wie den Korb gesetzt werden und auf dem Balkon an einem sonnigen Platz weiterwachsen.

✿ In dem Weidenkorb werden frische Kräuter und Salate angezogen.

✿ Die Salate werden gerntet und nachgepflanzt. Gurke und Ananaskirsche liefern Früchtchen bis zum Frost.

Bepflanzte Wein- und Obstkisten

Wein- und Obstkisten sind stabile Mehrweg-kisten aus Holz. Sie sind viele Jahre haltbar und werden für den Transport von Weinflaschen und Obst, wie z. B. Äpfel oder Orangen, verwen-det. Heutzutage werden sie mehr und mehr durch Einwegkisten, Kartons und Plastikbehälter ersetzt. Im Internet werden sie jedoch noch zu Dekorationszwecken und zum Möbelbau angeboten. Durch ihre Stabilität und Haltbarkeit eignen sie sich auch gut für eine dauerhafte Bepflanzung, z. B. mit mehrjährigen Kräutern. Die kleinere Kiste auf den Bildern ist eine Original-Weinkiste, die größere Kiste wurde für den Transport von Äpfeln verwendet. Beide Kisten haben Gebrauchsspuren, was ihren besonderen Charme ausmacht. Mit unter-schiedlichen Substraten gefüllt, sollen sie jetzt ihren Platz auf der Terrasse finden.

Die Kisten vorbereiten

Die Kisten auf den Abbildungen sind unbe-handelt bepflanzt worden. Möchten Sie die Pflanzgefäße farbig gestalten und imprägnieren, lesen Sie die Tipps im Kasten Seite 29. Wein- und Obstkisten sind aus einzelnen Brettern zusammengenagelt. Die Abstände zwischen den Brettern sind so groß, dass die Kisten abgedichtet werden sollten, damit die eingefüllte Erde nicht herausrieselt. Zum Abdichten der Wände können Sie dicke Pappen verwenden. Den Boden der Kisten legen Sie mit mehreren Schichten Zeitungspapier aus. Genauso einfach ist das Abdichten mit Mulch-vlies. Ein dickeres Vlies (50 g/m²) ist haltbarer als dünne Qualitäten und lässt sich außerdem leichter handhaben.

✳ Die Holzkisten werden mit Pappe oder Vlies abge-dichtet. Universalklammern sind dabei sehr hilfreich.

✳ Die Paprikapflanze in der Weinkiste wird mit blühen-den Minipetunien unterpflanzt, um Insekten anzulocken.

Kisten füllen und bepflanzen

In beide Kisten wird eine 5 cm dicke Drainageschicht aus Blähton eingefüllt. Darauf kommt Erde, die den Ansprüchen der ausgewählten Bepflanzung entspricht. Die Weinkiste wird mit einer Snackpaprika und blauen Minipetunien bepflanzt. Beide Pflanzenarten benötigen nährstoffreiche Universal- oder Gemüseerde. Gießen Sie diese Kiste im Sommer reichlich und düngen Sie nach sechs Wochen regelmäßig nach. Informationen zur Sortenwahl für die Paprika finden Sie auf den Seiten 79 und 85. Die Obstkiste soll als Kräuterbeet hergerichtet werden. Sie wird mit mehrjährigen, mediterranen Kräutern bepflanzt. Diese Kräuter haben nur einen geringen Nährstoffbedarf und brauchen nur wenig Wasser. Füllen Sie die Kiste mit einer speziellen Kräuter- und Aussaaterde. Für die Obstkiste auf den Abbildungen haben wir Lavendel, Rosmarin und Thymian gewählt.

Mit Naturfarben gestalten

Wein- und Obstkisten sehen schon naturbelassen sehr edel aus. Mit einer farblichen Gestaltung können Sie diesen Eindruck noch verstärken. Um den natürlichen Charme der Kisten zu bewahren, empfiehlt es sich, Naturfarben wie Erdpigmente für den Anstrich zu verwenden. Die Pigmente werden in Leinölfirnis gelöst und mit einem Pinsel aufgetragen. Mit dem Anstrich schützen Sie zudem die Oberfläche der Kisten. Leinölfirnis und Pigmente bekommen Sie im Naturfarbenhandel (Bezugsquelle im Anhang auf Seite 123).

Informationen zu weiteren Kräutern und Sorten finden Sie auf den Seiten 74–75.

✷ Aus einem Kräutergarten in der Kiste können jahrelang frische Gewürze geerntet werden.

✷ Die Paprika hat Früchte angesetzt. Der Thymian verträgt schon im ersten Jahr einen kräftigen Rückschnitt.

Farbenfrohe Einweg-Obstkisten

Einwegkisten aus Sperrholz lassen sich sehr gut als Mini-Garten weiternutzen. Sie sind nicht so lange haltbar wie die vorher beschriebenen Weinkisten, aber trotzdem stabil genug, um ein oder zwei Jahre lang Gemüse oder Kräuter darin wachsen zu lassen. Die Kisten lassen sich leicht beschaffen. Auf Wochenmärkten transportieren viele Marktbeschicker ihr Gemüse darin. Meistens werden die Kisten später entsorgt, sodass man bei freundlicher Nachfrage sicherlich ein paar Kisten mitnehmen darf.

Frischer Anstrich

Mit einem farbigen Anstrich machen die Kisten einen frischen und fröhlichen Eindruck und passen gut auf einen bunt gestalteten Balkon.

Gestrichen werden die etwa 30 × 50 cm großen Kisten mit einer umweltfreundlichen, wasserlöslichen Acrylfarbe. Es reicht aus, die Kisten von außen zu streichen, lediglich der obere Rand braucht auch von innen ein wenig Farbe. Sollten die Kisten einen Werbeaufdruck haben, müssen sie zweimal streichen. Unbedruckte Kisten kommen mit einem Anstrich aus.

Kisten bepflanzen

Sind die Kisten mit einem geschlossenen Boden versehen, bohren Sie zunächst mit einem Holzbohrer Löcher hinein, damit überschüssiges Wasser abfließen kann. Um die Erde in der Kiste zu halten, kleiden Sie die Kiste mit einer dicken Mulchfolie aus. Füllen Sie die

❋ Mit bunter Acrylfarbe gestrichen, werden die Einwegkisten zu einem echten Hingucker.

❋ Pflücksalat, Kapuzinerkresse, Rauke und ein Romanasalat haben Platz in der gelben Kiste.

Kisten mit einer torffreien Gemüseerde. Die rote Kiste ist mit Kräutern bepflanzt. Je eine Pflanze Petersilie, Schnittlauch, Gewürzrauke und Basilikum finden dort ihren Platz. Aus den Ritzen an der Seite schauen Walderdbeeren heraus. Die grüne Kiste ist komplett mit Gewürztagetes bepflanzt. Sie verströmen einen herrlichen Duft und sind ein toller Farbklecks, sobald sie blühen. In der gelben Kiste wachsen verschiedene Salate, die nach der Ernte wieder nachgepflanzt werden können.

Tolles Projekt für Kinder

An so einem kleinen Kistengarten haben auch Kinder großen Spaß. Ältere Kinder können die Kisten schon selbstständig streichen. Für die Auswahl der Bepflanzung finden Sie im Kasten eine Liste mit Pflanzen, die für Kinder sehr interessant sind. Alle vorgeschlagenen Arten

Pflanzen für Kinder-Kisten

Gewürztagetes	duften, Blätter und Blüten sind essbar
Lakritztagetes	duften, Blätter und Blüten sind essbar
Monatserdbeeren	tragen bis in den Herbst hinein
Kresse	in einer Woche erntefertig
Radieschen	schnellwüchsig, im Sommer spez. Sorten
Schnittlauch	lecker auf einem Butterbrot

sind pflegeleicht und unempfindlich, sodass die Kinder garantiert ein Erfolgserlebnis verbuchen können.

⬤ Die rote Kiste wird mit Kräutern bepflanzt. Zum Schluss wird an einer Stelle noch etwas Dill gesät.

⬤ Vier Wochen nach der Bepflanzung sind die Kisten prall gefüllt. Kräuter und erste Salatblätter sind erntereif.

Kaffee- und Kartoffelsäcke

Kaffee- und Kartoffelsäcke aus Jute sind voluminöse Behälter, die sich gut für starkzehrende, große und wüchsige Pflanzen eignen. Besser als auf einen kleinen Balkon passen sie in einen Hinterhof. Durch die farbigen, interessanten Aufdrucke wirken die Säcke äußerst dekorativ. Der Jutestoff ist sehr haltbar und sowohl wasser- als auch luftdurchlässig. Das kommt dem Pflanzenwachstum zugute.

Säcke füllen

Vor der Bepflanzung füllen Sie die Säcke mit einer guten Universal- oder Gemüseerde. Da Jutesäcke komplett wasserdurchlässig sind, ist es nicht unbedingt notwendig, Drainagematerial unten hineinzufüllen. Das gehäckselte Holz in den Säcken dient lediglich als Füllstoff, um etwas von der doch recht teuren Erde einzusparen. Die Säcke sind daher jeweils mit ca. 10 l Holzhäcksel und 40 l Erde gefüllt.

Untersetzer verwenden

Starkwüchsige Pflanzen müssen oft und reichlich gegossen werden. Gerade Pflanzen mit großen Blättern, wie Kürbis und Zucchini, verdunsten viel Wasser über die Blätter. Beim Gießen tritt immer eine kleine Menge Wasser aus den Säcken heraus. Oftmals sind im Wasser Huminstoffe aus der Erde gelöst, die die Fläche unter den Säcken schnell bräunlich verfärben. Möchten Sie das verhindern, stellen Sie die Säcke auf große Untersetzer mit einem

❋ Stellen Sie die Säcke in große Untersetzer, um austretendes Wasser aufzufangen.

❋ Die voluminösen Säcke können zum Teil mit gehäckseltem Holz gefüllt werden.

Durchmesser von 40 cm. Achten Sie darauf, dass nicht über längere Zeit Wasser in den Untersetzern steht.

Säcke bepflanzen

Kaffee- und Kartoffelsäcke können Sie mit verschiedensten Gemüsearten und Kräutern bepflanzen. Optisch perfekt wirken in den großen Säcken Pflanzen, die zu einer stattlichen Größe heranwachsen. Pflanzvorschläge finden Sie im Kasten oben rechts. Während Sie von den Kohlpflanzen zwei pro Sack setzen können, sollten Sie Zucchini, Tomate, Kürbis und Gurke einzeln in einen Sack pflanzen. Besonders gut klappt der Kartoffelanbau in Säcken. Krempeln Sie den Sack mehrmals um und füllen Sie zunächst nur 20 cm Erde ein, in die Sie drei Kartoffeln pflanzen. Sobald die Kartoffelpflanzen handhoch sind, füllen Sie so viel Erde nach,

Pflanzen für Jutesäcke

stark zehrendes Gemüse wie:
- Kopfkohl wie Weißkohl, Rotkohl, Wirsing und Spitzkohl
- Brokkoli und Blumenkohl
- Grünkohl und Rosenkohl
- Zucchini und Kürbis
- Freiland-Gurke und Tomate
- Kartoffel

starkwüchsige Kräuter wie:
- verschiedene Minzen und Melisse

sodass nur die Blattspitzen herausschauen. Wiederholen Sie den Vorgang, bis der Sack etwa halb voll ist. Passen Sie die Sackhöhe dabei jedes Mal an. Mit diesem Verfahren werden Sie im Herbst eine Menge Kartoffeln ernten.

✳ Tomate, Gurke, Zucchini und Kürbis werden am besten einzeln in einen Sack gepflanzt.

✳ Die wüchsige Zucchini setzt schnell Früchte an, der Kürbis bildet zunächst lange Ranken und fruchtet später.

Grow-Bags
Gemüse direkt aus dem Erdsack

Grow-Bags sind Erdsäcke, in die die Pflanzen direkt hineingesetzt werden. Die Erdsäcke sind entweder abgestimmt auf stark zehrende Pflanzen wie Tomaten, Gurken und Paprika, mit Tomaten- oder Gemüseerde gefüllt oder, in einer weniger aufgedüngten Variante, für Salat und Kräuter erhältlich. Grow-Bags werden flach auf den Boden gelegt und sollen durch die direkte Bepflanzbarkeit die Anzucht von Gemüse auf dem Balkon erleichtern.

Plastiktüte auf dem Balkon?

So praktisch Grow-Bags auch sind, es stellt sich die Frage: Wer möchte schon Plastiktüten sichtbar auf dem Balkon liegen haben? Was fehlt, ist eine ansprechende Optik. Auch die Anbieter der Pflanzsäcke haben inzwischen bemerkt, dass die gute Idee, direkt in die Säcke zu pflanzen, noch durch ansprechendes Zubehör ergänzt werden muss. Die Pflanzsäcke werden jetzt als Minigarten zusammen mit einer Box aus einer Holzumrandung, sogar mit Wasserspeicher, angeboten.

Eine Holzumrandung für ein oder mehrere Grow-Bags können Sie auch selbst bauen. Die Umrandung besteht aus Leimholzbrettern aus dem Baumarkt. Sie kann farblich nach eigenen Vorstellungen gestaltet werden und ist wirklich einfach herzustellen. In dem Kasten ist ein Boden aus einem Regalbrett eingesetzt, damit der Erdsack von unten besser abtrocknen kann.

So wird's gemacht:

① Die Regalbretter (Kellerregal eines schwedischen Möbelhauses) sind nicht in der erforderlichen Breite zu bekommen. Daher wählen Sie die breitere Variante und kürzen das Brett um eine Latte ein. Dafür benutzen Sie eine Handsäge oder eine elektrische Stichsäge. Schleifen Sie die abgesägten Stellen mit feinem Schleifpapier glatt.

② Die Leimholzbretter können Sie sich im Baumarkt auf die passenden Längen zuschneiden lassen. Schleifen Sie auch diese Sägekanten glatt. Streichen Sie die Bretter von allen Seiten mit einer umweltfreundlichen, wasserlöslichen Acrylfarbe in dem gewünschten Farbton. Meistens reicht ein Anstrich aus.

③ Ist die Farbe auf den Brettern gut durchgetrocknet, kann die Holzumrahmung zusammengeschraubt werden. Bohren Sie an den Enden

Material und Werkzeug für eine Holzumrandung

- 2 Leimholzbretter 20 × 80 cm
- 2 Leimholzbretter 20 × 40 cm
- 1 Regalbrett 77 × 37 cm
- 8 lange Holzschrauben
- Acrylfarbe
- Säge
- Akkuschrauber, -bohrer
- Pinsel
- feines Schleifpapier

der langen Leimholzbretter jeweils zwei Löcher mit einem auf die Holzschrauben abgestimmten Holzbohrer vor. Zeichnen Sie zuvor mit einem Bleistift die Stärke der Leimholzbretter an, damit Sie die Bohrlöcher gut platzieren können. Beim Zusammenschrauben werden

die langen Bretter auf die Stirnseiten der kurzen Bretter geschraubt. Achten Sie dabei darauf, dass die Bretter im rechten Winkel zueinander stehen, damit sich die Holzumrahmung nicht verzieht. Am einfachsten geht das, wenn Sie zu zweit arbeiten.

④ Der passend zugesägte Regalboden wird nun einfach in die Holzumrahmung hineingelegt. Durch die seitlichen Holzlatten, auf denen die Regalbretter fixiert sind, liegt der Regalboden nicht plan auf dem Terrassen- oder Balkonboden auf. So kann austretendes Gießwasser besser abtrocknen.

TIPP: Aus den Säcken austretendes Gießwasser enthält Huminstoffe und ist bräunlich gefärbt. Unter Umständen können dadurch Flecken auf empfindlichen Böden entstehen. Um dem vorzubeugen, befestigen Sie ein Stück dickes Teichvlies mit einem Tacker auf dem Regalbrett. Das Vlies filtert die braunen Stoffe aus. Teich-

vlies bekommen Sie in Baumärkten, die auch Teichfolie im Angebot haben.

⑤ Nun wird der Erdsack für die Bepflanzung vorbereitet. Zuerst lockern Sie die Erde in dem noch geschlossenen Sack etwas auf. Stellen Sie ihn aufrecht und drücken Sie ihn ein paarmal seitlich zusammen. Legen Sie den Sack mit der Vorderseite auf den Boden, und schlitzen Sie ihn rückseitig etwa zehn Mal mit einem Messer ca. 2 cm ein. Durch die Schlitze kann überschüssiges Wasser ablaufen. Legen Sie den Sack dann mit der Vorderseite nach oben in die Holzumrahmung und schneiden Sie entlang der vorgezeichneten Linien drei Pflanzlöcher in den Grow-Bag.

⑥ Soll auch die Oberseite des Plastiksackes nicht mehr sichtbar sein, decken Sie den Pflanzsack mit einem Sackleinen oder Ähnlichem ab. Übertragen Sie die Pflanzlöcher auch in die Stoffabdeckung. Eine andere Möglichkeit, den

Sack zu kaschieren, ist, Rindenmulch in der Holzumrahmung aufzubringen. Die Abdeckung mit Mulch erfolgt erst nach der Bepflanzung.

⑦ Nun erfolgt die Bepflanzung der Säcke. Der linke Sack wird mit drei selbst angezogenen Wildtomaten bepflanzt. Wildtomaten wachsen buschig. Sie werden an einem Rankgitter aufgebunden, das mit Kabelbindern an der Holzwand befestigt ist. Im rechten Kasten wird eine Ananaskirsche in das mittlere Pflanzloch gesetzt, rechts und links kann z. B. Basilikum dazugepflanzt werden. Wie die Wildtomaten ist auch die Ananaskirsche selbst angezogen.

⑧ Einige Wochen später sind die Pflanzen riesig geworden. Die Wildtomaten können Sie hin und wieder mit einer Gartenschere zurückschneiden. Etwa ab acht Wochen nach der Pflanzung geben Sie einmal wöchentlich Flüssigdünger mit in das Gießwasser. Die etwa kirschgroßen Früchte beginnen schon Mitte

Pflanzen für Grow-Bags

- Balkontomate
- Wildtomate
- Mini-Schlangengurke
- Snackpaprika
- Chili
- Ananaskirsche
- Erdbeere
- Basilikum
- Petersilie

Juli zu reifen und können bis in den Herbst hinein vom Strauch genascht werden. Ananaskirschen brauchen etwas länger. Die Früchte in den »Lampions« schmecken, wenn sich die Hüllblätter gelb verfärben. Ananaskirschen reifen in unseren Breiten sicherer aus als die mit ihnen verwandten Andenbeeren.

Zinkwanne für große Pflanzen

Die alte Zinkwanne hat einige Jahre als Mini-teich auf unserer Terrasse gestanden. Nun ist sie nicht mehr ganz wasserdicht. Zum Weg-schmeißen zu schade, dient sie nun als schönes, rustikales Pflanzgefäß, in dem auch größere Gemüsearten Platz haben.

Die Zinkwanne pflanzfertig machen

Bevor Sie eine Zinkwanne bepflanzen, ist es wichtig, dafür zu sorgen, dass überschüssiges Gieß- oder Regenwasser abfließen kann. Bohren Sie mit einem 6-mm-Metallbohrer 8–10 Löcher in den Wannenboden. Da die bepflanzte Wanne sehr schwer wird, stellen Sie sie gleich an den vorgesehenen Platz auf der Terrasse.

Die Wanne soll mit der kletternden Zucchini 'Black Forest' bepflanzt werden, für die ein stabiles Rankgerüst gebaut werden muss. 'Black Forest' ist die einzige kletternde Zucchini-sorte. Sie ist als Jungpflanze kaum zu bekom-men, sodass Sie selbst Pflanzen anziehen sollten. Tipps dazu auf Seite 102–103.

So wird's gemacht:

① Rankgerüste, die nur in einem Pflanzgefäß stecken, ohne an der Wand befestigt zu sein, bieten einer rankenden, schweren Zucchini-pflanze zu wenig Halt. Das Rankgitter muss beschwert und stabilisiert werden. Im Garten-center bekommen Sie vorgefertigte Rankhilfen aus Bambusstäben. Sie bestehen aus drei V-förmig angeordneten Längsstäben mit Quer-streben. Verbinden Sie drei dieser Elemente mit

Kabelbindern, dabei steht das mittlere Gitter auf dem Kopf. Um das Rankgitter zu beschweren, stellen Sie die Stäbe in Plastiktrinkbecher, die Sie mit Fertigbeton füllen. Ist der Beton ausgehärtet, werden die Rankgitter mit den Bechern in die Wanne gestellt und von beiden Seiten mit einer passend zugesägten Dachlatte eingeklemmt.

② Füllen Sie die Wanne unten mit einer Drainageschicht, z. B. aus Kieselsteinen, Blähton oder grob geschnittenen Zweigen. Geben Sie darauf eine torffreie Universal- oder Gemüseerde. Zucchini sind Starkzehrer und brauchen ein gut aufgedüngtes Substrat. Setzen Sie zwei Zucchinipflanzen in die Wanne. (Die unten zu sehenden drei Pflanzen standen zu eng, sodass später eine entfernt wurde.)

③ Zucchini wachsen schnell heran. Über die großen Blätter wird viel Wasser verdunstet. Gießen Sie regelmäßig. Gut versorgte Pflanzen

setzen rasch die ersten Blüten an. Sechs Wochen nach der Pflanzung ist der Nährstoffvorrat in der Erde aufgebraucht. Geben Sie dann einmal wöchentlich einen Flüssigdünger in das Gießwasser. Die Ranken klettern nicht von selbst an dem Gitter empor, sie müssen geleitet und befestigt werden.

④ Wie alle Kürbisgewächse haben auch Zucchini männliche und weibliche Blüten. Früchte entstehen nur an den weiblichen Blüten. Die langstieligen männlichen Blüten dienen der Befruchtung. Zucchinipflanzen sind sehr ertragreich. Am besten schmecken die Früchte, wenn Sie sehr jung geerntet werden. Junge Früchte können mit Schale und Kernen verzehrt werden. Ältere, große Früchte sind noch genießbar, wenn sie geschält werden und Sie die Kerne mit einem Löffel herauskratzen. Als besondere Delikatesse gelten Zucchiniblüten. Für die Zubereitung finden Sie im Internet zahlreiche Rezepte.

Vertikal Gärtnern
Gemüse aus der Dose

Wenn es auf dem Boden des Balkons eng wird, kommt man schnell auf die Idee, dass die Pflanzen auch die Wände und die Balkonbrüstung begrünen könnten. »Vertical Gardening« ist das Schlagwort, das für »Gärtnern in der Vertikalen«, also an der Wand, steht. Als Pflanzgefäße für die Wand können Sie alle möglichen Gefäße recyceln. Ein Beispiel dafür sind Konservendosen.

Konservendosen bepflanzen

Für eine Bepflanzung sind am besten möglichst große Dosen geeignet. Fragen Sie in der Gastronomie, dort fallen Riesendosen mit etwa 4 l Inhalt oftmals als Abfall an. Auch unbehandelt haben Konservendosen als Pflanzgefäße schon einen gewissen Charme. Richtig pfiffig sehen sie aber erst aus, wenn sie liebevoll mit Farbe gestaltet werden.

So wird's gemacht:

① Damit Farbe auf den glatten Wänden der Dosen haftet, müssen diese vorbehandelt werden. Zunächst schleifen Sie die Dosen etwas an. Das funktioniert am besten mit einem Schleifschwamm, der sich an die Rundung der Dosen anpasst. Den ersten Anstrich bekommen die Dosen mit einer Voranstrichfarbe. Diese Farbschicht fühlt sich etwas rau an, sodass die bunte Acrylfarbe gut darauf haften wird. Bemalen Sie die Dosen in mehreren

Farben, lassen Sie die zuerst aufgetragene Farbe gut trocknen, bis Sie mit der nächsten Farbe weitermachen.

② Wie alle Pflanzgefäße brauchen auch die Dosen Wasserabzugslöcher im Boden. Bohren Sie in jeden Dosenboden ein paar Löcher. Die Dosen werden später mithilfe von Kabelbindern aufgehängt. Bohren Sie etwa 3 cm unter dem Rand zwei Löcher in die Dosenwand, durch die Sie den Kabelbinder hindurchfädeln.

③ Für die Bepflanzung der Dosen eignen sich verschiedene Gemüse und Kräuter. Im noch kühlen Frühjahr wachsen auch Blattsalate in den Dosen. Im Sommer sind Pflanzen mit großen Blättern weniger geeignet. Sie verdunsten zu viel Wasser, sodass die relativ kleinen Gefäße schnell austrocknen. Beschränken Sie sich in der heißen Jahreszeit auf Pflanzen, die Trockenheit vertragen, wie z. B. Thymian, Oregano und Rosmarin. Beim Bepflanzen geben Sie zuerst, als Drainageschicht, etwas Blähton in die Gefäße. Topfen Sie die Salate mit Gemüseerde ein. Für Kräuter verwenden Sie eine Kräutererde.

④ Die Salate sind wenige Wochen nach der Pflanzung erntefertig. Die Kapuzinerkresse in der blau-gelben Dose und die Mexikanische Minigurke rechts in der rot-grünen Dose bleiben bis zum Herbst in den Gefäßen. Sie müssen regelmäßig gegossen werden. Die abgeernteten Dosen bepflanzen Sie mit Arten, die nur wenig Wasser benötigen, oder Sie warten bis zum Spätsommer, um erneut Salatpflanzen zu setzen.

Vertikal Gärtnern
Salat statt Schuhe

Ein Ordnungshelfer aus dem Kleiderschrank, eigentlich gedacht für die Aufbewahrung von Schuhen, eignet sich im Frühjahr auch als Salatbeet. Das Material des Schuhorganizers ist wasserdurchlässig, sodass er ohne Vorbereitung und Umgestaltung zur vertikalen Wandbegrünung genutzt werden kann. Am oberen Rand des Ordnungshelfers sind drei stabile Ösen eingearbeitet, an denen er an Haken an der Wand aufgehängt wird. Statt zehn Paar Schuhe kann er nun 20 Salate beherbergen.

Auf einem nach Süden oder Westen ausgerichteten Balkon ist es für den Salatanbau an der Wand im Sommer zu heiß. Ziehen Sie daher nur im Frühjahr und im Spätsommer Salat in den Pflanztaschen. Eine Bepflanzung, die auch den Sommer über in den Pflanztaschen wächst, könnte aus mediterranen Kräutern wie Thymian, Rosmarin und Currykraut bestehen.

So wird's gemacht:

① Bevor Sie die Pflanztaschen mit Erde füllen, befestigen Sie den Organizer an der Wand. Benutzen Sie dazu alle drei Ösen, denn mit Erde und Pflanzen gefüllt wird er relativ schwer. Füllen Sie jede einzelne Pflanztasche mit

Gemüseerde. Möchten Sie Salat aussäen, füllen Sie die Taschen nur zu ⅔ mit Gemüseerde und nehmen für das letzte Drittel Aussaaterde. So können die Pflanzen in der Aussaaaterde keimen und später gleich in das nährstoffreiche Substrat einwachsen. Gießen Sie die Erde in den Taschen gründlich an.

② Anfang April können verschiedene Salate ausgesät werden, z. B. eine »Babyleaf«-Salat-mischung, die mit einer rotadrigen Spinatsorte kombiniert wird. Spinat kann jung auch als Salat verspeist werden. Streuen Sie auf die Erde in den Pflanztaschen jeweils einige Samen und bedecken Sie diese mit einer 1 cm dicken Schicht Aussaaterde. Drücken Sie die Erde mit den Fingern leicht an und gießen Sie die Aussaat mit einer feinen Brause an.

③ Sowohl Salat als auch Spinat keimen schnell. Drei Wochen nach der Aussaat sind alle Taschen grün. Salate brauchen jetzt viel Wasser. Gießen

Salate für die Aussaat in Pflanztaschen

- Babyleaf-Mischung
- Pflücksalat
- Salatrauke
- Asia-Salat
- Spinat
- Feldsalat (nur im Spätsommer)

Sie die Jungpflanzen täglich, bis Wasser aus den Pflanztaschen heraustropft.

④ Zwei weitere Wochen später kann der Salat geerntet werden. Wenn Sie ihn nicht zu tief abschneiden und die Herzblätter stehen blei-ben, treibt er noch einmal nach. Vom Spinat können jeweils die äußeren Blätter geerntet werden, bis er anfängt zu blühen.

Vertikal Gärtnern
Tetrapacks am Rankgitter

Leere Tetrapacks können noch eine ganze Weile als Pflanzgefäß genutzt werden, bevor Sie endgültig im »Gelben Sack« entsorgt werden. Besonders gut geeignet sind sie als Töpfe für die Jungpflanzenanzucht. Aufgrund ihrer quadratischen Grundfläche können die alternativen Pflanztöpfe eng zusammengerückt werden und sich den begrenzten Platz auf der Fensterbank teilen.

Tetrapacks können auch zur Wandbegrünung eingesetzt werden. Mit kleinen Metallhaken oder Kabelbindern lassen sie sich schnell an einem Rankgitter befestigen. Eine grüne Wand auf einem nach Süden ausgerichteten Balkon lässt sich aber nur im Frühling und Spätherbst verwirklichen. Für die heißen Sommermonate

sind die Gefäße im Verhältnis zur Blattmasse von z. B. Salaten zu klein. Sie müssten mehrmals am Tag gegossen werden. Ein Pflegeaufwand, der kaum geleistet werden kann. In den kühleren Jahreszeiten funktioniert der Anbau in Tetrapacks aber prima.

So wird's gemacht:

①–④ Je nach Größe der Wand, die Sie begrünen möchten, sammeln Sie etwa 16 bis 20 Tetrapacks. Sie können die Packungen kunterbunt zusammenstellen oder nur von einer Sorte sammeln, beides sieht an der Wand originell aus. Spülen Sie die Verpackungen, sobald sie leer sind, um einer Schimmelbildung vorzubeugen. Haben Sie genügend

Packungen zur Seite gestellt, bereiten Sie sie für den Einsatz als Pflanzgefäße vor:

- Schneiden Sie die Packung unterhalb der Öffnung ab.
- Schneiden Sie die Ecken ca. 8–10 cm ein.
- Falten Sie die Laschen nach innen.
- Bohren Sie mit einem Messer fünf Löcher in den Boden und für die Befestigung zwei Löcher in den oberen Rand einer Seitenwand.

⑤ Bepflanzen Sie die Tetrapacks mit selbst gezogenen oder gekauften Salatjungpflanzen. Hinweise zur eigenen Pflanzenanzucht finden Sie auf Seite 102–103. Verwenden Sie zum Einpflanzen eine torffreie Gemüseerde. Wollen Sie Salate aussäen, füllen Sie die Gefäße zu ²/₃ mit Gemüse- und ⅓ mit Aussaaterde. Die Samen keimen und wachsen zuerst in der Aussaaterde und können, sobald sie größer werden, in das nährstoffreichere Substrat einwurzeln. Gießen Sie die frisch gesetzten Pflanzen bzw. die Aussaat gut an.

⑥ Fädeln Sie einen langen Kabelbinder durch die beiden Löcher in der Rückwand der Tetrapacks. Befestigen Sie die bepflanzten Gefäße an einem Rankgitter. Alternativ zu den nicht wiederverwendbaren Kabelbindern können Sie auch je zwei kleine Metallhaken verwenden (findet man in Küchenabteilungen von »schwedischen« Möbelhäusern).

⑦ Die Salate wachsen rasch und können nach etwa 6 bis 8 Wochen geerntet werden. Vermutlich sind die Packungen zu diesem Zeitpunkt auch »entsorgungsreif«. Machen Sie bei der Bepflanzung eine Sommerpause und hängen Sie im Spätsommer wieder neu bepflanzte Tetrapacks an das Rankgitter.

Gärtnern in Big-Bags

Aus Big-Bags ein Gemüsebeet bauen

Ein Big-Bag ist ein sogenannter flexibler Schüttgutbehälter. Wörtlich übersetzt heißt Big-Bag »großer Sack«. Er besteht aus einem stabilen Kunststoffgewebe. An der offenen Seite hat er mehrere feste Schlaufen, an denen der Sack angehoben und entleert werden kann. Big-Bags werden z. B. in der Baubranche für den Transport von kleinen Pflastersteinen, Schotter, Splitt und Sand eingesetzt. Big-Bags dürfen nur wenige Male benutzt werden, da die Reißfestigkeit der Schlaufen beim Transport der schweren Lasten nachlässt.

Zweitverwendung als Beet

Einen Big-Bag als Gemüsebeet umzufunktionieren ist für die Säcke eine originelle Nachnutzung. Mit etwas Glück bekommen Sie einen gebrauchten Sack kostenlos vom Baustoffhändler oder Landschaftsgärtner. Sie können die Säcke auch im Internet für weniger als 10 Euro bestellen. Big-Bags gibt es in unterschiedlichen Größen. Ein geeignetes Maß ist 90 × 90 × 90 cm. Der Sack kann auf einer Europalette abgestellt werden. Auf der Abbildung ist allerdings eine eigene Mehrwegpalette vom örtlichen Baustoffhändler zu sehen.

Big-Bags haben ein großes Volumen. Bei einer Füllhöhe von 50 cm brauchen Sie etwa 400 l Substrat. Die bayrische Gartenakademie empfiehlt die Verwendung von Dachgartenerde. Durch seine physikalischen Eigenschaften ist sie besonders für große Gefäße geeignet. Dachgartenerde ist allerdings relativ teuer. Kostengünstiger können Sie die Säcke mit Material aus dem Garten bzw. vom Grünschnittplatz, das Sie mit gekaufter Gemüseerde mischen, füllen.

① Stellen Sie zuerst die Palette für Ihr Beet auf. Steht sie auf einem gepflasterten Untergrund, bedenken Sie, dass aus dem Big-Bag auslaufendes Überschusswasser Huminstoffe enthält, die unter Umständen eine braune Verfärbung hinterlassen. Nageln Sie vorsorglich ein dickes Teichvlies auf die Palette, um das auslaufende Wasser zu filtern.

Krempeln Sie den oberen Rand des Sackes um und ziehen Sie ihn so weit herunter, dass er eine Höhe von 60 cm hat.

② Als unterste Schicht von etwa 10 cm füllen Sie gehäckseltes Holz oder klein geschnittene Äste und Zweige in den Big-Bag.

③ Darauf folgen 15 cm halbverrotteter Kompost. Diesen entnehmen Sie z.B. Ihrem eigenen Thermokomposter (siehe S. 69), oder Sie beziehen ihn von einer Grünschnittsammelstelle der Kommune, die Kompost oftmals kostenlos abgeben.

Material für ein Big-Bag-Gemüsebeet

- 1 Europalette
- 1 Big-Bag, gefüllt mit:
- 80 l (etwa 10 cm) Holzhäcksel oder klein geschnittene Äste und Zweige
- 120 l (15 cm) halbfertiger Kompost
- 200 l (ca. 20 cm) Substratmischung aus ⅓ Gartenerde, ⅓ feinen Kompost, ⅓ Gemüseerde

④ Füllen Sie das Beet nun mit einer Mischung aus feinem Kompost, Gartenerde und gekaufter Gemüseerde. Zum Mischen kippen Sie alle Anteile auf einen Haufen und schaufeln diesen von rechts nach links und wieder zurück. So ist das Substrat gut vermengt und kann in den Sack geschaufelt und angegossen werden.

Big-Bag als Kartoffelacker

Kartoffeln anzubauen ist unkompliziert, egal, ob sie auf einem Acker oder in ein Gefäß gepflanzt werden. Die Wachstumsbedingungen in einem großen Sack sind für Kartoffeln sogar ideal. Die Knollen reagieren empfindlich auf Staunässe, die durch das grobe Schnittgut unten im Sack verhindert wird. Kartoffeln zählen zu den Starkzehrern und brauchen viele Nährstoffe. Diese werden durch die Kompostbeigabe im Sack zur Verfügung gestellt. Letztendlich wachsen Kartoffeln am besten in lockerem Boden, für den Sie durch die Beimischung der Gemüseerde gesorgt haben (siehe S. 48–49). In dem leicht erhöht stehendem Big-Bag erwärmt sich der Boden im Frühjahr besonders schnell. Das kommt dem Kartoffelwachstum zusätzlich zugute. Steht dem Kartoffelsack ein sonniger Platz zur Verfügung, sind alle Voraussetzungen für eine gute Ernte erfüllt.

Beliebte Kartoffelsorten

- 'Linda': fest, mittelfrüh, aromatisch
- 'Annabelle': fest, früh, gleichmäßig
- 'Agria': mehlig, mittelfrüh, aromatisch

Besonderheiten:
- 'Cheyenne': fest, mittelfrüh, rotschalig
- 'Blauer Schwede': mittelfrüh, blaue Schale und Fruchtfleisch
- 'Bamberger Hörnchen': fest, spät, hörnchenförmig

Kartoffelsorten

In Deutschland sind etwa 120 Kartoffelsorten zugelassen. Sie werden in frühe, mittelfrühe

und späte Sorten eingeteilt. Außerdem unterscheiden sie sich in Form, Farbe und Geschmack. Neben den gewöhnlich runden und gelben Kartoffeln werden auch buntschalige und längliche bzw. länglich gekrümmte Sorten angeboten. Wenn Sie Lust haben zu experimentieren, bestellen Sie sich ein Kartoffelset mit mehreren Sorten (Bezugsquelle siehe S. 122). Achten Sie aber darauf, dass die ausgewählten Sorten gleichzeitig reifen.

Kartoffeln vorkeimen

Wenn Sie Kartoffeln pflanzen, die schon kurze, kräftige Triebe entwickelt haben, können Sie den Knollen einen Wachstumsvorsprung verschaffen. Zum Vorkeimen legen Sie die Kartoffeln ab Mitte März mit der Spitze nach oben in einem Eierkarton aus. Geben Sie diesem einen hellen Platz in einem kühlen Raum (12–15 °C). Besprühen Sie die Knollen hin und wieder mit

Wasser, damit sie nicht austrocknen. Nach drei bis vier Wochen haben sich an jeder Knolle mehrere 1 bis 2 cm lange, kräftige Triebe entwickelt. Stehen die Kartoffeln zu warm oder zu dunkel, bilden sich nur dünne Triebe. Diese brechen leicht, sodass der Wachstumsvorsprung wieder verloren geht.

So wird's gemacht:

① Zum Pflanzen eignen sich am besten sortenreine Saat- oder Pflanzkartoffeln, die frei von Krankheiten sind. Ab Anfang März gibt es diese zu kaufen. Sie können auch normale Kartoffeln aus dem Bioanbau pflanzen. Diese werden nicht, wie so manche konventionelle Kartoffel, mit keimhemmenden Mitteln behandelt. Lassen Sie die Knollen nach Möglichkeit vorkeimen, bis kurze, dicke Austriebe zu erkennen sind. Die kräftigen Triebe wachsen in der erwärmten Erde schnell weiter.

② Für die Kartoffelkultur weichen Sie von der auf Seite 49 vorgeschlagenen schichtweisen Füllung des Sackes etwas ab. Geben Sie zunächst, wie beschrieben, als Drainageschicht eine Lage Holzhäcksel oder kurz geschnittene Äste und Zweige in den Sack. Die zweite Schicht, den reinen Kompost, lassen Sie weg. Stattdessen erhöhen Sie die Menge der Substratmischung der dritten Schicht. So bekommen Sie eine einheitliche Erdmischung, mit der der Kartoffelsack gefüllt wird. Füllen Sie zunächst eine ca. 25 cm dicke Erdschicht auf das Holz.

③ Legen Sie nun acht Pflanzkartoffeln, gleichmäßig verteilt, auf der Erdoberfläche aus. Mit einer kleinen Handschaufel pflanzen Sie die Knollen so tief ein, dass sie etwa 10 cm mit Erde bedeckt sind. Gießen Sie die Kartoffeln kräftig an und halten Sie die Erde in den nächsten Wochen gleichmäßig feucht.

④ Je nach Witterung dauert es etwa zwei bis drei Wochen, bis alle Kartoffeln aufgegangen sind. Bei kühlen Temperaturen und nicht vorgekeimten Knollen kann es noch länger dauern. Sobald die grünen Triebe eine Höhe von 10 bis 15 cm erreicht haben, werden sie angehäufelt. Füllen Sie so viel Erde nach, dass nur noch die Blattspitzen herausschauen.

⑤ Die Pflanzen entwickeln sich schnell weiter und schauen bald wieder ein ganzes Stück aus der Erde heraus. Häufeln Sie die Gewächse erneut an. Geben Sie vorsichtig wieder so viel Erde in den Sack, dass nur noch etwas Grün zu sehen ist. Wiederholen Sie diesen Vorgang, bis

der Big-Bag bis etwa 10 cm unter den Rand gefüllt ist. In der lockeren Erde bilden sich in den nächsten Wochen mehrere Lagen neuer Kartoffeln.

⑥ Die weitere Entwicklung der Kartoffelpflanzen ist rasant. Mit zunehmender Temperatur kann man beim Wachsen fast zuschauen. Vorausgesetzt, Sie gießen ausreichend. Die Pflanzen stehen jetzt so dicht im Big-Bag, dass das Regenwasser nicht mehr auf die Erdoberfläche gelangt. Halten Sie die Erde feucht, aber nicht zu nass, denn Kartoffeln sind empfindlich gegenüber Staunässe.
Nach einiger Zeit blühen die Kartoffeln. Haben Sie eine frühe Sorte gepflanzt, können Sie nach dem Abblühen die ersten Knollen als sogenannte Frühkartoffeln ernten. Die Kartoffelschalen lassen sich bei den eigentlich noch unreifen Knollen einfach abreiben. Sie schmecken sehr köstlich z. B. zu Spargel.

⑦ Ausgereift sind Kartoffeln, sobald das Laub beginnt abzusterben. Von der Pflanzung bis zur Ernte vergehen dabei 100 bis 130 Tage.
Am besten stellen Sie einige Tage vor der Ernte das Gießen ein, damit die Erde nicht allzu sehr an den Knollen klebt. Mit einer Grabgabel hebeln Sie die Kartoffeln Pflanze für Pflanze aus der Erde. Sammeln Sie die Knollen in einen Drahtkorb ein. So können Sie die Ernte vorsichtig mit einem Schlauch abspritzen, falls noch zu viel Erde anhaftet. Je nach Sorte können Sie aus einem Big-Bag etwa 6 bis 8 kg Kartoffeln ernten. Ein Vergnügen, das auch Kindern viel Freude bereitet.

Indianerbeet im Big-Bag

Mais, Kürbis und Bohnen, drei uramerikanische Gemüsearten, sind die drei Schwestern, die in einem Indianerbeet traditionell zusammen auf einer Fläche angebaut werden. Entwickelt haben diese Mischkultur die Maya, die vor etwa 3500 Jahren begonnen haben, Mais, Bohnen und Kürbis auf großen Feldern anzubauen. Indianerbeete waren Teil der sogenannten Milpa, ein Fruchtfolgesystem, das tropische Böden vor Nährstoffauswaschung schützen soll. Ein traditioneller Milpazyklus dauert mehrere Jahrzehnte. Am Anfang steht ein intensiver Gemüseanbau, wie das Indianerbeet. Später werden Gehölze gepflanzt, die die im Boden verfügbaren Nährstoffe in ihrer Pflanzenmasse speichern. Die Nährstoffe werden gebunden und sind so vor Auswaschung aus dem Boden während der Regenzeit geschützt. Mit der Zeit entsteht ein kleiner Wald. Am Ende des Zyklus steht eine Brandrodung, durch die die gespeicherten Nährstoffe wieder freigesetzt werden. Mit dem erneuten Gemüseanbau beginnt die Fruchtfolge von vorn.

Die drei Schwestern

Mais, Bohnen und Kürbis bilden zusammen eine geniale Mischkultur. Die Pflanzen treten nicht in Konkurrenz zueinander, sondern fördern und ergänzen sich gegenseitig. Der kräftige Mais dient den Bohnen als Rankgerüst. Die Bohnen können Stickstoff aus der Luft binden, den sie, sobald sie absterben, an den Boden abgeben. Der Stickstoff steht dann den anderen Pflanzen zur Verfügung. Sollten sich die Bohnen im Beet allzu breitmachen, reißen Sie einige Bohnenpflanzen aus und legen sie zerkleinert

als Mulch mit ins Beet. Der Kürbis schließlich breitet sich auf dem Boden aus und beschattet diesen. Er sorgt dafür, dass das Beet nicht so schnell austrocknet.

Ein Indianerbeet lässt sich prima in einem Big-Bag verwirklichen. Sobald es gepflanzt ist, ist es pflegeleicht, wenig krankheitsanfällig und muss nur regelmäßig gegossen werden. Die richtigen Sorten für Indianerpflanzen im Big-Bag finden Sie im Kasten auf Seite 57.

So wird's gemacht:

① Alle drei Pflanzenarten sind kälteempfindlich und werden erst nach draußen gepflanzt, wenn keine Nachtfröste mehr zu erwarten sind. Meistens ist es Mitte Mai so weit. Der Mais braucht etwas Vorsprung vor den Bohnen, damit er kräftig genug ist, wenn diese an ihm emporschlingen. Wollen Sie die Maispflanzen Mitte Mai setzen, ziehen Sie sie ab Mitte April in kleinen Töpfen auf der Fensterbank vor. Inner-

halb von vier Wochen sind die Pflänzchen kräftig genug und können ausgepflanzt werden. Setzen Sie acht Maispflanzen kreisförmig angeordnet im Abstand von ca. 15 cm vom Rand in die frisch eingefüllte Erde im Big-Bag.

② Sobald Sie den Mais auspflanzen, werden die Bohnen ausgesät. Sie können sie entweder in kleinen Töpfen vorziehen oder jeweils zwei Bohnensamen neben die frisch gepflanzten Maispflanzen in die Erde stecken. Ziehen Sie die Bohnen vor, hat das für den Mais den Vorteil, dass er erst einmal in Ruhe anwachsen kann. Die Bohnenpflanzen werden ca. zwei Wochen später zu zweit an jede Maispflanze gesetzt, die dann einen ausreichenden Wachstumsvorsprung haben.

③ Der Kürbis wird gleichzeitig mit den vorgezogenen Bohnenpflanzen im Indianerbeet eingesetzt. Sein Platz ist in der bislang noch frei gebliebenen Beetmitte. Eine Kürbisjungpflanze

können Sie im Gartencenter kaufen. Haben Sie sich für eine bestimmte Sorte entschieden, ziehen Sie sie besser selber an. Die Sortenauswahl ist im Gartencenter gering. Soll der Kürbis Anfang Juni gepflanzt werden, säen Sie ihn Anfang Mai in einem nicht zu kleinen Topf aus.

④ Alle drei Schwestern sind in das Indianerbeet eingezogen. Jetzt brauchen Sie nur noch abzuwarten, regelmäßig und häufig zu gießen. Ist es draußen sehr warm, verdunsten die Pflanzen viel Wasser über ihre großen Blätter. Die Nährstoffversorgung ist durch die hohe Kompostzugabe im Substrat ausreichend gewährleistet. Sie brauchen nicht nachzudüngen.

⑤ Zwei Wochen nachdem Bohnen und Kürbis gepflanzt wurden, hat sich schon viel im Beet getan. Alle Setzlinge sind gut eingewurzelt. Der Mais hat seinen Vorsprung ausgenutzt und ist schon kräftig gewachsen. Die Bohnen werden lang und beginnen, sich um die Maispflanzen zu schlingen. Der Kürbis bildet die ersten größeren Blätter.

⑥ Nach vier weiteren Wochen, in denen es sehr warm und feucht war, sind die Pflanzen nahezu explodiert. Der Kürbis bildet riesige Blätter und setzt die ersten Blüten an. Kürbispflanzen haben männliche und weibliche Blüten. Nur die weiblichen Blüten bringen später auch Früchte hervor.
Manchmal versucht auch der Kürbis an den Maispflanzen emporzuklettern. Legen Sie die Kürbisranken dann einfach zurück auf den Boden und lassen Sie sie aus dem Sack herauswachsen. Der Mais würde sonst früher oder später unter der Last zusammenbrechen.

⑦ Die Bohnen haben den Mais fest im Griff. Sie haben sich bis oben an ihm emporgehangelt. Dem Mais scheint das aber nichts auszumachen. Er hat dicke Kolben ausgebildet. Beginnt der »Bart«, der aus den Kolbenblättern heraushängt, braun zu werden, haben die Maiskolben das Milchreifestadium erreicht. Gemüsemais und Zuckermais wird in diesem Stadium geerntet. Die Kolben des Popcornmaises bleiben jedoch so lange an der Pflanze, bis die Körner hart geworden sind. Das kann bis Oktober dauern.

⑧ Im August hat der Mais mitsamt den Stangenbohnen eine Endhöhe von mehr als 2 m erreicht. In dem 60 cm hohen Sack wirkt das sehr imposant. Die ersten Bohnen konnten geerntet werden. Der Kürbis hat tatsächlich eine der vorderen Maispflanzen zu Fall gebracht und wurde daraufhin kräftig zurückgeschnitten. Trotzdem hat er schon einige Früchte angesetzt, die in den nächsten Wochen noch heranreifen.

Mais-, Bohnen- und Kürbissorten für Indianerbeete

- **Popcornmais:** 'Erdbeermais', 'Pink Pop', 'Ruby Red'
- **Zuckermais:** 'Golden Bantam', 'Black Aztek', 'Zuckerfee'
- **Gemüsemais:** 'Bloody Butcher', 'Gaspe'
- **Stangenbohnen:** 'Blauhilde', 'Forellenbohne', 'Gelbe Reiserbohne'
- **Kürbis:** 'Green Hokkaido', 'Jack be little', 'Heart of Gold'

Big-Bag für »Vielfraße«

Pflanzen haben sehr unterschiedliche Nährstoffansprüche. Während die meisten Kräuter mit wenig Dünger auskommen, müssen Sie bei den Gemüsepflanzen für mehr Nachschub sorgen. Bei einigen Kulturen ist der Nährstoffbedarf besonders hoch. Sie zählen zur Gruppe der Starkzehrer. Beispiele für diese Pflanzengruppe finden Sie im Kasten auf Seite 59. Neben diesen »Vielfraßen« gibt es noch die Mittelzehrer, zu denen z. B. die meisten Salate, Möhren, Zwiebeln, Rote Bete und Spinat zählen, und die Schwachzehrer, wie Kräuter, Radieschen, Erbsen und Bohnen.

Starkzehrer brauchen Platz

In den relativ kleinen Gefäßen auf dem Balkon und der Terrasse ist der Anbau vieler Starkzehrer nicht ganz einfach. Vor allem die großen Kohlarten tun sich schwer im Topf. Der Wurzelraum ist zu eng, schnell fehlen Wasser und Nährstoffe. In den großen Big-Bags, die mit Kompost angereicherter Erde angefüllt sind, kann es aber durchaus gelingen. Der hohe Nährstoffbedarf geht in der Regel mit einem hohen Wasserdarf einher. Starkzehrer bilden viel Blattmasse, über die Wasser verdunstet wird. Doch auch die Wasserversorgung ist in dem voluminösen Sack kein großes Problem. In der speziellen Erdmischung wird das Wasser gut gehalten. Im Sommer müssen Sie bei hohen Temperaturen dennoch täglich gießen.

So wird's gemacht:

① Aus der Liste der stark zehrenden Gemüsearten haben wir Brokkoli, Rosenkohl, Gurke und Zucchini ausgewählt. Von den beiden Kohlarten setzen wir je drei Jungpflanzen, von Gurke und Zucchini reicht eine Pflanze aus. Ergänzt wird die Bepflanzung mit zwei buntstieligen Mangold-

pflanzen und einer über den Rand rankenden Kapuzinerkresse. Während Zucchini, Freiland-Gurke und Kapuzinerkresse keinen Frost vertragen und erst nach dem 15. Mai ausgepflanzt werden, könnten Sie die Kohlpflanzen und den Mangold schon im April setzen. In unser Beet sind allerdings alle Pflanzen gleichzeitig eingezogen. Zum Pflanzen benutzen Sie eine Handschaufel oder graben einfach mit den Händen ein Pflanzloch. Setzen Sie das junge Gemüse bis zu den Keimblättern ein und drücken Sie die Erde rundherum an.

② Nach der Pflanzung wird das Gemüse kräftig angegossen. Bringen Sie mindestens 10 l Wasser mit einer Gießkanne aus, um die Pflanzenwurzeln gut einzuschlämmen. Jede

Starkzehrer für Big-Bags

- Kohlarten wie: Brokkoli, Blumenkohl, Grünkohl, Rosenkohl
- Zucchini
- Freiland-Gurke
- Kürbis: möglichst kleinfrüchtige Sorte
- Kartoffel: nicht mit Tomate zusammenpflanzen
- Lauch
- Tomate: kleinfrüchtige reifen auch im Freiland
- Paprika: Snackpaprika reifen auch im Freiland

Gemüseart bekommt ein Etikett, auf dem auch der Sortenname vermerkt wird. So können Sie leicht beobachten, ob die gewählte Sorte Ihren Vorstellungen gerecht wird.

③ Bereits drei Wochen später haben sich die Jungpflanzen schon zu kräftigen Gewächsen entwickelt. Gurke und Kapuzinerkresse setzen die ersten Blüten an. Die Zucchini hat große Blätter ausgebildet, die den Mangold überdecken. Schneiden Sie ohne Bedenken ein zur Mitte hin wachsendes Blatt unten am Blattstiel ab. Die Zucchinipflanze nimmt das nicht übel, und der Mangold bekommt wieder mehr Licht.

④ Weitere zwei Wochen später haben Sie ein üppiges Beet, von dessen Pflanzen Sie schon ernten können. Die Zucchini blüht und hat erste Früchte angesetzt. Am besten schmecken sie, wenn sie früh, bei einer Länge von etwa 15 bis 20 cm, geerntet werden. Auch von der Gurke werden Sie zu diesem Zeitpunkt schon die ersten Früchte naschen können.

Da die kräftig wachsenden Pflanzen in dem »Vielfraß«-Beet viel Wasser und Nährstoffe benötigen, kann es sein, dass die Blätter jetzt langsam ihr kräftiges Grün verlieren und heller werden. Das ist ein Zeichen dafür, dass nachgedüngt werden muss. Sie können dafür entweder einen organischen Flüssigdünger oder einen festen Dünger verwenden. Der Flüssigdünger wird einmal wöchentlich nach Angabe auf der Verpackung mit ins Gießwasser gegeben. Bevorzugen Sie einen festen Dünger, streuen Sie ihn auf der Erdoberfläche aus und arbeiten ihn mit einem Handgrubber leicht ein. Nach der Düngergabe wird reichlich gegossen.

⑤ Vom Brokkoli gibt es zwei verschiedene Typen: den hierzulande verbreiteten Calabrese-Typ und den Sprossenbrokkoli, den Sie nur selten im Supermarkt finden werden. Der Calabrese hat einen großen Kopf und mehrere tiefer sitzende Röschen. Nach der Haupternte treiben noch eine Zeit lang weitere kleine Blüten nach. Der Sprossenbrokkoli bildet von Beginn an viele kleine Röschen aus, die nach

und nach bis zum Frost geerntet werden können. Möchten Sie den Sprossenbrokkoli gern ausprobieren, müssen Sie die Jungpflanzen selber anziehen. Jungpflanzen aus dem Gartencenter gehören in der Regel dem Calabrese-Typ an.

⑥ Ende Juni bis Mitte Juli hat das Beet seinen Höhepunkt erreicht. Sie werden schon reichlich geerntet haben. Danach verliert es wahrscheinlich an Üppigkeit. Zögern Sie nicht, es etwas auszulichten. Komplett abgeerntete Brokkolipflanzen können Sie entfernen. Die Gurke muss hin und wieder etwas eingekürzt werden. Bekommt die Zucchinipflanze Mehltau, was häufig passiert, schneiden Sie die am stärksten befallenen Blätter ab. Mehltau ist eine Pilzkrank-

heit. Sie erkennen sie an einem weißen, mehlartigen Belag auf den Blättern. Die Früchte können trotz des Befalls unbedenklich verzehrt werden. Das Auslichten kommt den noch verbleibenden Pflanzen zugute, denn sie bekommen nun wieder mehr Licht und haben weniger Konkurrenz um Wasser und Nährstoffe. Der Rosenkohl hat eine lange Kulturdauer. Er wird erst im Spätherbst reif. Zusammen mit dem Mangold wird er am längsten im Beet verbleiben.

Vom Mangold werden laufend die äußeren Blätter geerntet. Sie können ihn über Winter stehen lassen. Die Blätter werden zwar zurückfrieren, aber er treibt im Frühjahr erneut aus, sodass Sie noch ernten können, bis er im zweiten Jahr Blüten bildet.

Gärtnern in Kastenbeeten

Kastenbeete aufbauen

Für ein Kastenbeet mit Holzrahmen stehen zwei Modelle zur Auswahl. Bei beiden Kastenvarianten bildet eine 120 × 80 cm große Europalette den Boden. Sehr einfach ist der Aufbau der Wände, wenn Sie die 20 cm hohen, vormontierten Aufsatzrahmen verwenden. Durch die Metallscharniere an den Ecken sind die Rahmen faltbar. Sie bekommen sie sowohl in einigen Baumärkten als auch über das Internet. Die Scharniere werden auch einzeln angeboten. So können Sie eigene, noch vorhandene Bretter verbauen.

Die zweite Möglichkeit ist der Aufbau eines starren Rahmens. Für diese formschöne Variante, die nur in Österreich und in der Schweiz hergestellt wird, finden Sie eine Bezugsquelle im Anhang. Die starren Rahmen werden unmontiert geliefert. Eine Aufbauanleitung liegt bei.

So wird's gemacht:

① Zum Schutz vor Wühlmausfraß werden die Kastenbeete sicherheitshalber mit einem Volierendraht versehen. Die gefräßigen Nager knabbern Wurzeln gern von unten an. Der engmaschige Draht wird meistens auf einer Rolle angeboten. Mit einer Kneifzange schneiden Sie ein passendes Stück Draht ab. Um den Draht zu befestigen, klappen Sie einen Rahmen auf und legen ihn kopfüber auf eine feste, ebene Unterlage. Achten Sie darauf, dass die Rahmenbretter im rechten Winkel zueinander stehen. Nun lässt sich der Volierendraht ganz bequem mit einem Handtacker auf dem Holzrahmen befestigen.

② Transportieren Sie Ihre Europalette an den endgültigen Standort des Beetes und richten

Sie sie aus. Die Palette sollte einigermaßen
gerade stehen und möglichst nicht wackeln.
Setzen Sie nun zuunterst den Rahmen mit
dem Volierendraht auf die Palette. Darüber
setzen Sie gleich einen zweiten Rahmen. Durch
die überstehenden Laschen an den Scharnieren
sind die Rahmen fest miteinander verbunden.
Die Palette mit einberechnet, kommen Sie so
auf eine Beethöhe von etwa 55 cm.

③ Als Nächstes müssen Sie den Boden im
Kastenbeet mit einem Unkrautvlies abdichten,
damit die Erde nicht durch die Zwischenräume
der Palettenbretter hindurchrieselt. Unkrautvlies
besteht aus einem dichten, aber wasserdurch-
lässigen Gewebe. Im Baumarkt wird es oft als
Meterware auf großen Rollen angeboten.
Schneiden Sie ein passendes Stück zu, legen
Sie es auf den Boden und ziehen Sie es einige
Zentimeter an den Seitenwänden hoch. Das
Unkrautvlies lässt sich ebenfalls leicht mit einem
Tacker an den Holzwänden befestigen.

Material und Werkzeug für ein Kastenbeet

- 1 Europalette
- 2 Faltrahmen oder 1 starrer Rahmen
- 120 × 80 cm Volierendraht
- 100 × 140 cm Unkrautvlies
- 400 × 35 cm Noppenfolie
- Kneifzange, Schraubenzieher, Hammer, Handtacker

④ Zum Schluss wird die Innenwand des
Kastens mit Noppenfolie ausgekleidet, um das
Holz vor Feuchtigkeit zu schützen. Die Noppen-
folie finden Sie im Baustoffhandel. Ihr eigent-
licher Zweck ist der Schutz von Grundmauern.
Schneiden Sie eine passende Bahn zu und
tackern Sie sie, mit den Ausstülpungen zum
Holz, an der Wand des Beetes fest.

Kastenbeete befüllen

Die Kastenbeete haben ein Volumen von etwa 380 l. Zur Veranschaulichung: Eine Schubkarre voll entspricht etwa 80 l. Sie brauchen also fast fünf Schubkarren voll Substrat, um ein Kastenbeet zu füllen. Womit es zu füllen ist, will gut überlegt sein.

Welche Erde eignet sich?

Am einfachsten wäre es, einfach guten Mutterboden aus dem Garten in den Kasten zu schaufeln. Leider funktioniert diese Methode nicht. Gartenerde hat nur ein geringes Porenvolumen. Dieses reicht aus, wenn sich die Pflanzenwurzeln im Garten unbegrenzt ausbreiten können. In einem geschlossenen, räumlich begrenzten Gefäß bekämen die Wurzeln in Gartenerde nicht genug Luft.

Für die Pflanzen verträglich wäre es dagegen, die Kästen komplett mit gekaufter, möglichst torffreier Universal- oder Gemüseerde zu füllen. Gegen diese Methode spricht nur der hohe Preis, den Sie dafür zahlen müssten. Ein Liter torffreie Blumenerde kostet mindestens 30 Cent, sodass eine Beetfüllung weit mehr als 100 Euro kosten würde.

Unsere Kastenbeete sind daher mit einer Mischung verschiedener Substrate gefüllt, die den Pflanzenbedürfnissen entspricht und dennoch bezahlbar ist.

So wird's gemacht:

① Als unterste Schicht von etwa 10 cm kann grobes organisches Material, wie Äste und Zweige, die beim Baum- und Strauchschnitt

anfallen, verwendet werden. Schneiden Sie das Holz mit einer Gartenschere in etwa 20–30 cm lange Stücke oder häckseln Sie die Äste und Zweige.

② Auf das zerkleinerte Holz schaufeln Sie eine 20 cm dicke Schicht aus einer Mischung aus ⅔ Gartenerde und ⅓ grobem Kompost. Den Kompost bekommen Sie – in der Regel kostenlos – in gemeindeeigenen Entsorgungsparks, die auch Grünschnitt annehmen. Um Erde und Kompost gut durchzumischen, kippen Sie zunächst zwei knapp gefüllte Schubkarren Gartenerde (etwa 130 l) auf einen Haufen und geben den Kompost (etwa 70 l) darüber. Schaufeln Sie den Haufen einmal von rechts nach links und dann direkt in das Kastenbeet.

③ Die oberste Schicht von ca. 10 cm besteht aus einer guten, torffreien Universal- oder Gemüseerde. Streichen Sie die Gartenerde-Kompost-Schicht glatt und entleeren Sie dann

Füllung für ein Kastenbeet

- 100 l (etwa 10 cm) Holzhäcksel oder klein geschnittene Äste und Zweige
- 200 l (etwa 20 cm) Substratmischung aus ⅔ Gartenerde und ⅓ groben Kompost
- 100 l (etwa 10 cm) torffreie Universal- oder Gemüseerde

zwei Säcke Erde direkt in das Beet. Streichen oder harken Sie auch diese Erdschicht glatt.

④ Bevor Sie mit der Bepflanzung und Aussaat beginnen, muss das Beet noch durchdringend gewässert werden. Benutzen Sie eine Kanne mit Brausekopf und gießen Sie mindestens 20 l Wasser auf die Erde. Diese wird wahrscheinlich etwas nachsacken, sodass Sie zum Schluss noch ein wenig Erde nachfüllen können.

Hochbeete mit Holzrahmen

Schicht 1

20 cm

Feine Gartenerde mit Kompost

Schicht 2

15 cm

Rohkompost

Schicht 3

10 cm

Rasensoden

Schicht 4

15 cm

Grobes Schnittgut

Warum ein Hochbeet?

Der bedeutendste Vorteil eines Hochbeetes ist die Möglichkeit, Gemüse und Kräuter rücken- und knieschonend in fast aufrechter Haltung anbauen zu können.

Auch für die Pflanzen sind die Bedingungen in einem Hochbeet hervorragend. Durch die Verrottung des organischen Füllmaterials werden Wärme und Nährstoffe freigesetzt. Die Pflanzen werden kontinuierlich und aus- reichend versorgt. Von einem Hochbeet ernten Sie deutlich früher und mehr Gemüse als von einem gleich großen Grundbeet.

Ein Hochbeet bauen

Aus Europaletten mit Holzrahmen lassen sich schnell einfache Hochbeete bauen. Sowohl die starren als auch die faltbaren Rahmen sind dafür geeignet. Ein kleines Hochbeet können Sie auf einer einzelnen Europalette aufbauen, Optisch wirkt aber ein größeres Beet aus zwei Paletten als Grundfläche besser.

Legen Sie die Paletten mit der schmalen oder der breiten Seite aneinander und richten Sie sie gut aus. Auf dieser Grundfläche können Sie die Rahmen wie bei den Kastenbeeten (siehe S. 64–65) aufbauen. Setzen Sie drei Faltrah- men pro Palette aufeinander. Die Beethöhe beträgt, mit Palette, ca. 75 cm. Auch die starren Rahmen (siehe S. 65–67) können Sie über- einandersetzen. Mit zwei Rahmen pro Palette kommen Sie dabei auf eine Höhe von 95 cm. Genauso wie das Kastenbeet wird auch das Hochbeet mit Volierendraht, Unkrautvlies und Noppenfolie ausgestattet.

Spezialfüllung für Hochbeete

Hochbeete werden schichtweise gefüllt, so wie es auf Seite 68 gezeigt wird. Zuunterst wird grobes Schnittgut eingefüllt. Darauf kommt eine Schicht Rasensoden, die Sie mit den Halmen nach unten auslegen. Statt der Rasensoden können Sie auch eine Laubschicht aufbringen. Die nächste Schicht besteht aus Rohkompost. Das ist das Material, was sich in Ihrem Kompos- ter im oberen und mittleren Bereich befindet. Alternativ ist er in vielen Grünschnittannahme- stellen zu bekommen. Die obere Schicht in einem Hochbeet besteht aus Gartenerde, gemischt mit feinem Kompost aus dem unte- ren Bereich ihres Komposters. Alternativ können Sie auch eine torffrei Universal-, Gemüse- oder Hochbeeterde verwenden.

✸ Der gesamte Inhalt eines fast vollen Thermokompos- ters kann als Hochbeetfüllung genutzt werden.

Salate aus der Box
Frisches von Frühjahr bis Herbst

Je frischer Salate verspeist werden, desto mehr wertvolle Inhaltsstoffe enthalten sie und desto gesünder sind sie. Was liegt da näher, als Salat selbst anzubauen? Kastenbeete können praktisch das ganze Jahr über mit verschiedenen Salaten bepflanzt werden.

Im Frühling mit Folientunnel

Salate sind schnell wachsende Pflanzen, die, bis auf wenige Ausnahmen, nur sechs bis acht Wochen auf dem Beet stehen. So haben Sie im Laufe des Jahres Gelegenheit, verschiedene Arten zu testen. Die meisten Salate gehören zur Familie der Korbblütler, aber auch einige Kreuzblütler sind dabei. Planen Sie Ihr Beet so, dass dort, wo anfangs Korbblütler stehen, Kreuzblütler folgen und umgekehrt. So bleiben die Pflanzen gesund (siehe S. 100).

Mit einem Frühbeettunnel, den Sie aus einer Folie und Bögen aus biegsamen Weiden-, Hasel- oder Holunderruten auch selber basteln können, sind frühe Aussaaten und Pflanzungen schon ab Anfang März möglich. Pflanzen Sie z. B. in Reihe 1 abwechselnd drei Kopfsalate und drei Eichblattsalate. In Reihe 2 säen Sie Schnittsalat. Reihe 3 wird mit Salatrauke bestückt und Reihe 4 mit Asia-Salat. Die erste Beethälfte besteht so aus Korbblütlern, die zweite aus Kreuzblütlern. Der zweite Satz Salat kann etwa Mitte Mai erfolgen. Säen Sie z. B. zwei Reihen Salatrauke und pflanzen Sie je eine Reihe Multileaf-Salat und Romanasalat dazu.

✺ Unter einem Frühbeettunnel beginnt die Saison schon Anfang März. Bei Sonne muss gelüftet werden.

✺ Schneiden Sie den Salat nicht zu tief ab, wächst er noch einmal nach.

Im Sommer spezielle Sorten

Bei hohen Temperaturen neigt Salat dazu zu
schießen. Die Pflanzen gehen in die Blüte. Die
Blätter werden hart und bitter, Kopfsalate bilden
keinen Kopf aus. Achten Sie im Sommer auf
geeignete Sorten. Auf den Samentüten ist die
ideale Anbauzeit vermerkt. Für den Sommeranbau eignen sich auch die leicht bitter
schmeckenden Endivien, die ab Juni gepflanzt
und bis in den Spätherbst geerntet werden.

Im Herbst säen für die Frühjahrsernte

Feldsalat und Winterportulak kommen gut mit
den kühlen Temperaturen im Herbst klar und
sind sogar frostfest. Werden sie erst im September oder noch später ausgesät, verschiebt sich
die Ernte in das kommende Frühjahr. Das
Wachstum wird über Winter eingestellt und mit

Salate mehrfach ernten

Schnittsalate, Pflücksalate sowie Rauke,
Asia-Salate und sogar der Feldsalat
können mehrfach geerntet werden. Von
den Pflück- und Schnittsalaten pflücken
Sie nur die äußeren Blätter ab und
lassen die Wurzeln und die Herzblätter
stehen. Rauke, Asia-Salate und Feldsalat
werden nicht zu kurz geschnitten, damit
das Herz nicht verletzt wird. So wachsen
die Salate noch ein zweites und vielleicht ein drittes Mal nach.
Kopfsalat dagegen wird im Ganzen
geerntet und dann neu gepflanzt.

den ersten sonnigen Tagen wieder aufgenom-
men. So haben Sie schon ganz früh im Jahr
eigenen frischen Salat.

❁ Verwenden Sie Saatbänder für die Aussaat, sind die
Abstände der Pflanzen schon genau vorgegeben.

❁ Feldsalat kann zum Abschluss der Gartensaison gesät
oder gepflanzt werden.

Gemüse aus der Box
Mischkulturen das ganze Jahr

Die Natur macht es uns vor: Pflanzen wachsen natürlicherweise in gemischten Gemeinschaften und nicht in öden Monokulturen. Auf brachliegenden Flächen stellen sich mit der Zeit Pflanzengesellschaften ein, die optimal aufeinander abgestimmt und an die Bedingungen des Standortes angepasst sind.

Vielfalt mit Mischkulturen

Genauso soll es in gut durchdachten Mischkulturen aussehen. Die verschiedenen Pflanzenarten sollen sich gegenseitig ergänzen und fördern. Die gute Nachbarschaft beruht z.B. auf unterschiedlichen Wuchsformen. Kombinieren Sie dicke und schlanke oder hoch und flach wachsende Gewächse miteinander. So können sie dichter pflanzen und den Platz optimal ausnutzen. Das Gleiche gilt auch für die unterirdischen Pflanzenteile: Flachwurzler verstehen sich gut mit Tiefwurzlern, weil sie sich im Wurzelraum nicht in die Quere kommen. Neben dem Habitus spielen Wurzelausscheidungen und Düfte eine Rolle. Schadinsekten werden durch Gerüche abgewehrt oder Nützlinge, die z.B. Blattläuse vertilgen, angelockt. In einer Mischkultur richten Pflanzenkrankheiten, die oftmals nur innerhalb einer Pflanzenfamilie »ansteckend« sind, nicht so große Schäden an wie in einer Monokultur.
Aus solchen Beobachtungen über viele Gärtnergenerationen ergeben sich Empfehlungen für gute und schlechte Nachbarschaften.

❊ Mithilfe einer Pflanzleine werden Reihen markiert in denen das Saatgut abgelegt wird.

❊ Fünf Wochen nach der Aussaat hat sich das Frühlingsgemüse schon prächtig entwickelt.

Ein gemischter Kasten

Auch in einem Kastenbeet können Sie Misch-kulturen anlegen. Drei Gemüsepartner, die sich gut ergänzen, finden in einem Beet Platz.

Im Frühling

Starten Sie Anfang April mit drei Gemüsearten, die als gute Nachbarn gelten und niedrige Temperaturen vertragen. Erbsen, Möhren und Zwiebeln sind ein solches Gespann. Für die Erbsen ist ein Rankgitter aus Weidengeflecht so angebracht, das eine Reihe vor und eine Reihe hinter dem Gitter ausgesät wird. Möhren werden in der Mitte des Beetes ausgesät und vorn haben zwei Reihen Steckzwiebeln Platz.

Im Sommer

Anfang bis Mitte Juli sind die Frühjahrskulturen abgeerntet und machen Platz für eine Sommer-bepflanzung. Fenchel, Rote Bete und Freiland-Gurken folgen. An dem Rankgitter können die

Was passt zusammen?

Gute Partner Frühjahrsbepflanzung
- Erbsen, Möhren, Zwiebeln
- Spinat, Kohlrabi, Salat
- Erbsen, Salat, Radieschen

Gute Partner Frühsommerbepflanzung
- Fenchel, Gurken, Rote Bete
- Bohnen, Bohnenkraut, Mangold
- Tomaten, Kohlrabi, Petersilie

Gute Partner Spätsommerbepflanzung
- Feldsalat, Radieschen, Erdbeeren
- Endivien, Grünkohl, Rettich

Freiland-Gurken emporwachsen. Nach der Ernte dieser Gemüse ist die Aussaat von Feldsalat möglich, der über Winter stehen bleibt und im nächsten Frühjahr geerntet werden kann.

✹ Mit ihren blauen Hülsen ist die Erbsensorte 'Blauwschokker' ein Hingucker.

✹ Knollenfenchel, Rote Bete und Freiland-Gurke teilen sich das Kastenbeet im Sommer.

Kräuter aus der Box
Aromatisches für alle Ansprüche

Ein Kräuterbeet, von der Küche aus schnell erreichbar – davon träumt jeder, der gern kocht. Mit der geteilten Kräuterbox können Sie sich ein breites Sortiment an Kräutern z. B. auf die Terrasse holen. Die meisten Kräuter wollen in der Sonne stehen, ihre Ansprüche an den Boden und die Wasser- und Nährstoffversorgung sind jedoch unterschiedlich.

In einem Kastenbeet mit zwei voneinander getrennten Bereichen finden jedoch alle Kräuter ihren Lieblingsplatz. Die Trennung erfolgt mit Quer- oder Längsteilern, die beim Aufbau des Beetes mit Metallhaken einfach auf die Rahmenbretter gehängt werden. Der geteilte Kasten kann mit unterschiedlichen Substraten gefüllt und getrennt gewässert und gedüngt werden.

Das Kräuterbeet füllen

In dem Kräuterbeet werden auf einer Seite typische Küchenkräuter wie Schnittlauch, Petersilie und Dill gepflanzt. Die andere Seite ist mediterranen Kräutern vorbehalten. Die Beethälfte für die Küchenkräuter können Sie genauso füllen wie ein Kastenbeet für Gemüse. Eine genaue Beschreibung finden Sie auf den Seiten 66–67. Da der Kasten nur zur Hälfte mit diesem Substrat gefüllt wird, halbieren Sie die angegebenen Materialmengen. Bei der Füllung der Kastenhälfte für die mediterranen Kräuter weichen Sie etwas ab: Statt der Universal- oder Gemüseerde verwenden Sie eine Kräuter- und Aussaaterde. Diese Erde ist nährstoffarm, so wie es den Ansprüchen der Kräuter entspricht.

❀ Um unterschiedlichen Bodenansprüchen gerecht zu werden, wird das Kastenbeet unterteilt.

❀ Rechts ist ein Substrat für nährstoffliebende Kräuter eingefüllt, links für die Magerkünstler.

Die Kräuterbox bepflanzen

Setzen Sie in den nährstoffreichen Küchen-
kräuterbereich je eine Pflanze Petersilie, Schnittlauch und Basilikum. Dill und Kerbel werden
direkt in den Kasten gesät. Während der Schnittlauch und die Petersilie schon im April ins Freie
können, warten Sie mit den anderen Kräutern
bis Mitte Mai. Auf der mediterranen Seite
können Sie ebenfalls schon im April pflanzen.
Lavendel, Rosmarin, Thymian, Salbei und
Oregano sind allesamt mehrjährig. Die Küchenkräuter müssen bis auf den Schnittlauch jedes
Jahr neu gepflanzt werden.

Ungeeignete Kräuter

Da der Platz im Kastenbeet begrenzt ist, ver-
zichten Sie besser auf wuchernde Kräuter wie
Minze und Zitronenmelisse. Diese würden die
anderen Arten sehr schnell verdrängen. Setzen
Sie Melisse und Minze in große Töpfe, die sie
neben dem Kastenbeet platzieren.

Kräuter für das Kastenbeet

Küchenkräuterbereich

- Petersilie, glatte und krause Sorten
- Schnittlauch, auch die Blüten essbar
- Dill, farnblättriger bildet viel Blattmasse
- Kerbel, wird mehrfach ausgesät
- Basilikum, rote Sorten empfindlich

Bereich für mediterrane Kräuter

- Lavendel, 'Hidcote Blue' hat schöne,
  dunkle Blüten
- Rosmarin, winterharte Sorte, z. B. 'Arp',
  wählen
- Salbei, kompakt wachsende Sorte
  wählen oder oft zurückschneiden
- Thymian, Gemeinen und Zitronen-
  thymian pflanzen
- Oregano, typisches Pizzagewürz

✺ Die meisten Kräuter können schon im April ins Freie.
Wärmeliebende werden Mitte Mai nachgepflanzt.

✺ Bis Mitte Juni hat sich das Kräuterbeet prächtig
entwickelt. Sie können jetzt laufend ernten.

Tomate mit Basilikum
Frisch aus der Box

Tomaten zählen weltweit zu den beliebtesten Gemüsearten. Selbst angebaut bleiben die Früchte bis zur Vollreife an der Pflanze und entwickeln ein ausgeprägtes Aroma. Als Tomate-Mozzarella-mit-Basilikum-Fan können Sie das Kraut gleich zu den Tomatenpflanzen setzen. So haben Sie beide Zutaten stets zur Verfügung. Für die Zubereitung dieser italienischen Köstlichkeit eignen sich besonders die länglichen, festen San-Marzano-Typen, die viel Fruchtfleisch besitzen.

Im Frühjahr gibt es Tomatenpflanzen im Gartencenter zu kaufen. Möchten Sie bestimmte Sorten pflanzen, ziehen Sie die Pflanzen selbst an. Von der Aussaat bis zur Pflanzung dauert es sechs bis acht Wochen, sodass Sie Mitte März starten können.

So wird gepflanzt

Ab Mitte Mai können die Jungpflanzen ins Freie. In dem vorbereiteten Kastenbeet haben drei Tomatenpflanzen Platz. Setzen Sie die Pflanzen etwas tiefer ein, als sie im Topf stehen. So bilden sich am Stamm weitere Wurzeln, die die Pflanzen mit Wasser und Nährstoffen versorgen. Tomaten müssen mit einem Stab oder Ähnlichem gestützt werden. Regengeschützt unter einem Dach bleiben sie länger gesund. Tomatenüberdachungen können Sie kaufen oder selber konstruieren. Wir haben den Frühbeettunnel, der im Frühjahr über den Salaten stand, als Tomatendach umfunktioniert. Basilikum ist sehr wärmebedürftig und sollte frühestens Anfang Juni draußen ausgepflanzt

● Die stützenden Spiralen lassen sich im Kastenbeet fester verankern als ein typischer Tomatenspiralstab.

● Die Basilikumpflanzen werden erst Anfang Juni, wenn es richtig warm ist, eingesetzt.

Checkbox Tomaten

- sonniger Standort
- frostempfindlich, spät auspflanzen
- Jungpflanzen tief einsetzen
- Tomatenstab o. Ä. erforderlich
- Überdachung schützt vor Pilzbefall
- Seitentriebe entfernen (ausgeizen)
- Starkzehrer, regelmäßig nachdüngen
- empfehlenswerte Tomatensorten:
  Normalfrüchtige: 'Harzfeuer', 'Matina'
  San-Marzano: 'Caprese', 'Pozzano'
  Cocktail: 'Delicacy', 'Philovita'
  Fleisch: 'Buffalo Steak', 'Orange Russian'

werden. Im Tomatenbeet ist noch Platz für vier Pflanzen, die Sie kaufen oder selber anziehen.

Die richtige Pflege

Tomaten und Basilikum gedeihen am besten an einem sonnigen und regengeschützten Platz. Beide brauchen viel Wasser. Etwa sechs bis acht Wochen nach der Pflanzung ist der Nährstoffvorrat so weit aufgebraucht, dass Sie nachdüngen sollten. Streuen Sie organischen Dünger auf der Erdoberfläche aus und arbeiten Sie ihn mit einem Handgrubber flach ein. Gießen Sie nach der Düngergabe.

Tomatenpflanzen werden, die kleinfrüchtigen Kirsch- und Cocktailtomaten ausgenommen, eintriebig gezogen. Brechen Sie Seitentriebe regelmäßig aus.

Basilikum ist pflegeleicht. Bei der Ernte wird es automatisch regelmäßig entspitzt. So bildet sich eine gut verzweigte, kräftige Pflanze.

● Unter der selbst konstruierten Überdachung sind kräftige und gesunde Tomatenpflanzen herangewachsen.

● Mit den stabilen Drahtspiralen werden auch die schweren Fleischtomaten gut gestützt.

Paprika und Chili
Snacks und Scharfes aus der Box

Paprika und ihre scharfen Verwandten, die Chili, brauchen noch mehr Licht und Wärme als Tomaten. Stellen Sie das Beet an einem sonnigen und windgeschützten Platz auf. Die großfruchtigen Blockpaprika werden in der Regel nur unter Glas reif. Anders die kleineren Snackpaprika, die kaum Kerne im Inneren haben und ohne großen Putzaufwand direkt vom Strauch genascht werden können.

Auch Chili schaffen es im Topf oder Kastenbeet bis zur Reife. Sie sind scharf und nur zum Würzen geeignet. Chilisorten unterscheiden sich in Form und Farbe sowie in ihrem Schärfegrad. Gemessen wird die Schärfe, die durch den Capsaicingehalt der Früchte ausgemacht wird, in Scoville-Einheiten. Milde Sorten haben einen Schärfegrad von bis zu 500 Scoville, die scharfen mexikanischen Jalapeños liegen bei 2500 bis 5000 Scoville. Übertroffen werden diese noch von den Habaneros, die mit bis zu 350000 Scoville kaum noch genießbar sind.

Paprika und Chili anziehen

Paprika und Chili haben eine lange Kulturzeit. Daher beginnen Sie am besten schon Ende Februar mit der Aussaat. Säen Sie in kleine, mit Aussaaterde gefüllte Töpfe. Stellen Sie diese an einen warmen Platz und halten Sie die Erde feucht. Nach vier Wochen zeigen sich die Keimblätter und das erste echte Blattpaar. Zeit, die Pflänzchen in einzelne Töpfe zu pikieren. Nach weiteren vier Wochen pflanzen Sie die

❋ Als Schutz vor Windbruch werden die Paprika- und Chilipflanzen gleich mit einem Stab gestützt.

❋ Die Königsblüte an der ersten Gabelung der Pflanze wird entfernt, um das Triebwachstum anzuregen.

Paprika noch einmal in größere Töpfe um, in denen sie bis zur Pflanzung verbleiben.

Pflanzen und Pflegen

Mitte bis Ende Mai werden die Paprika- und Chilipflanzen ins Kastenbeet gepflanzt. Setzen Sie etwas Blühendes, wie nicht rankende Kapuzinerkresse oder Tagetes, dazu. Die Blütenpflanzen locken Insekten an, die für die Bestäubung der Paprikablüten sorgen. Stützen Sie die Pflanzen mit einem Stab, damit sie bei Wind nicht abbrechen.

Paprika und Chili werden anfangs nur mäßig gegossen. Später, wenn sie die ersten Früchte angesetzt haben, ist der Wasserbedarf höher. Als Starkzehrer werden Paprika etwa sechs bis acht Wochen nach der Pflanzung nachgedüngt. Sie können einmal in der Woche mit Flüssigdünger gießen oder etwas festen organischen Dünger ausbringen und einharken.

Checkbox Paprika

- frühe Aussaat ab Ende Februar
- sonniger Standort
- frostempfindlich, spät auspflanzen
- Königsblüte ausbrechen
- Starkzehrer, regelmäßig nachdüngen
- empfehlenswerte Sorten:
  Snackpaprika: 'Sperlis Fitness', 'Hamik', 'Tribelli Mini'
  Chili: 'Cayenna', 'Shakira'

Königsblüte ausbrechen

Ein kleiner, aber wirkungsvoller Eingriff ist das Ausbrechen der Königsblüte. Sie bildet sich an der ersten Gabelung der Pflanze. Durch das Entfernen wird das Blatt- und Triebwachstum angeregt, sodass die Pflanze später auch mehr Früchte trägt.

✳ Von Blütenpflanzen umgeben ist die Bestäubung der Paprikapflanzen gesichert.

✳ Paprika und Chili reifen nach und nach von unten nach oben.

Gesundes Gemüse aus dem Hochbeet
pflanzen, pflegen, ernten

Ein Hochbeet aus Palettenrahmen ist schnell aufgebaut und gefüllt (siehe S. 64 f. und 68 f.). Freuen Sie sich auf viele Gemüse und Kräuter, die Sie in rückengerechter Haltung anpflanzen und ernten können.

Das Hochbeet im Frühling

Ein sonniges Hochbeet können Sie schon früh im Jahr bepflanzen. Es erwärmt sich schneller als ein Grundbeet, sodass mit den ersten Sonnenstrahlen rasch eine ausreichende Bodentemperatur erreicht wird.
Wie Sie einen Pflanzplan austüfteln, lesen Sie auf den Seiten 100 und 101. Für einen Schnellstart pflanzen Sie einfach den Plan Seite 84 nach.

Pflanzen und Saatgut beschaffen

Für die Frühjahrsbepflanzung des Hochbeetes brauchen Sie Jungpflanzen und Samen. Beides bekommen Sie in jedem Gartencenter. Möchten Sie jedoch spezielle Sorten haben, lohnt sich eine Saatgutbestellung im Internet (Bezugsquellen ab S. 123). Jungpflanzen müssen Sie bei bestimmten Sortenwünschen selber anziehen. Sortenempfehlungen gibt die Bayrische Gartenakademie in ihrer Infoschrift »Gemüsesorten für den Freizeitgärtner«.

Jungpflanzen anziehen

Kohlrabi, Eichblatt- und Romanasalat werden als Jungpflanzen gesetzt. Die Anzucht dauert etwa sechs Wochen. Wollen Sie Ihr Hochbeet Anfang April bepflanzen, säen Sie die Salate und den

❁ Ende März, spätestens Anfang April kann im Hochbeet gepflanzt und gesät werden.

❁ Der Romanasalat 'Forellenschluss' ist mit seinen roten Sprenkeln sehr dekorativ.

Kohlrabi Mitte Februar in Aussaaterde aus. Eine genaue Anleitung für die Jungpflanzenanzucht finden Sie auf den Seiten 102 und 103.

Aussaat und Bepflanzung
Anfang April wird gepflanzt und gesät. Markieren Sie in jedem Kasten fünf Reihen. Beginnen Sie mit der Aussaat der Erbsen und arbeiten Sie sich von jeder Seite Reihe für Reihe bis nach vorn vor. Pflanzen Sie die Kohlrabi unbedingt über Eck an den Rändern des Hochbeetes. Die ausladenden Pflanzen haben dort mehr Platz und können über den Rand hinaus wachsen. Zum Schluss wässern Sie das Beet gründlich mit einer Gießkanne mit Brausekopf.

Die Pflanzen pflegen
Die Erbsen benötigen eine Rankhilfe. Spätestens, wenn die Pflanzen eine Handbreit hoch gewachsen sind, spannen Sie einen Kaninchendraht an zwei Pflanzstäben zwischen die beiden Reihen. Gießen Sie bei Trockenheit regelmäßig. Sollten

die Kohlrabiblätter andere Pflanzen zu sehr bedrängen, entfernen Sie einfach pro Pflanze ein Blatt. Weitere Pflegemaßnahmen fallen nicht an.

Gemüsesorten für die Frühjahrsbepflanzung*

- Kohlrabi, blau: 'Azur Star', 'Blusta'
- Kohlrabi, weiß: 'Lanro'
- Eichblattsalat: 'Pasha', 'Till'
- Romanasalat: 'Forellenschluss', 'Xanadu'
- Rucola: 'Speedy', 'Ruca', 'Rocket'
- Blattsenf: 'Dragons Tongue', 'Red Giant'
- Erbsen: 'Kleine Rheinländerin' (früh), 'Blauwschokker', 'Zuccola' (Zucker-Erbse)
- Möhren: 'Almaro', 'Harlekin' (bunt)
- Zwiebeln: 'Stuttgarter Riesen', 'Red Kit'
- Radieschen: 'Cherry Belle', 'Eiszapfen'

*noch mehr Sorten auf Seite 95

✸ Der schnellwüchsige Kohlrabi kann sich über den Rand hinaus ausbreiten.

✸ Salate, Radieschen und Kohlrabi sind rasch erntereif. Möhren, Erbsen und Zwiebeln brauchen etwas länger.

Das Hochbeet im Sommer

Nach und nach reift das frühe Gemüse heran und wird geerntet. Im Beet entstehen Lücken, die zunächst noch von nachwachsenden Pflanzen eingenommen werden. Bald schon kann aber nachgepflanzt werden.

Das Beet vorbereiten

Frisch aufgefüllte Erde sackt in den ersten Wochen in der Regel um einige Zentimeter zusammen. Vor der Neubepflanzung füllen Sie Gemüseerde nach. Das neue Substrat enthält genügend Nährstoffe, sodass noch nicht nachgedüngt werden muss.

Pflanzen und Saatgut

Im Sommer können Sie den Pflanzplan von Seite 85 nachpflanzen. Chili, Snackpaprika, Tomaten, Mangold, Petersilie, Fenchel und Lauch werden als Jungpflanzen gesetzt. Die Buschbohnen säen Sie aus. Im Frühsommer ist das Angebot an Jungpflanzen im Gartencenter oder auf dem Wochenmarkt erfahrungsgemäß sehr groß, sodass Sie die Pflanzen bis auf wenige Ausnahmen nicht vorziehen müssen.

Rote Bete und Mangold vorziehen

Rote Bete und Mangold sind nicht immer zu bekommen. Säen Sie diese sechs Wochen vor der Pflanzung in kleine Töpfe aus. Füllen Sie die Töpfe mit Aussaaterde. Drücken Sie pro Topf ein Samenknäuel 1 bis 2 cm tief in die Erde. Aus einem Knäuel entwickeln sich mehrere Pflanzen. Lassen Sie nur die kräftigste stehen.

Aussaat und Bepflanzung

Ist genügend Erde nachgefüllt und haben Sie alle Pflanzen sowie das Saatgut für die Bohnen besorgt, können Sie mit der Sommerbepflanzung beginnen. Stellen Sie die Jungpflanzen zunächst in ihren Töpfen auf dem Beet aus. Mit etwas Abstand kontrollieren Sie die Pflanzabstände. Topfen Sie die Jungpflanzen aus und

✿ Mitte bis Ende Mai wird das Hochbeet neu bepflanzt. Die Zuckerschoten werden Ende Juni herausgenommen.

✿ Die rotblättrige Chili 'Zimbabwe Black' ist äußerst attraktiv, aber nur mit Vorsicht zu genießen. Sehr scharf!!.

setzen Sie sie mithilfe einer Pflanzschaufel in die Erde ein. Drücken Sie den Ballen rundherum leicht an. Nach dem Pflanzen säen Sie an den Rändern des Hochbeetes die Buschbohnen aus. Ziehen Sie eine 4 bis 5 cm tiefe Rille, legen Sie die Bohnen im Abstand von 5 cm hinein und bedecken Sie die Samen mit Erde. Zum Schluss gießen Sie die Pflanzen kräftig an.

Die Pflanzen pflegen

Außer dem regelmäßigen Gießen, das je nach Wetterlage mehr oder weniger viel Arbeit macht, fallen kaum Pflegemaßnahmen an. Bei den Buschtomaten ist kein Ausgeizen der Seitentriebe nötig. Frisch aufgefüllte Hochbeete müssen in der Regel im ersten Jahr nicht nachgedüngt werden. Das organische Material der Füllung wird durch Bodenorganismen langsam zersetzt und sorgt für Nachschub. Sollten die stark zehrenden Tomaten und Paprika gelbe Blätter bekommen, düngen Sie diese Pflanzen ganz gezielt etwas nach.

Gemüsesorten für die Sommerbepflanzung*

- Buschbohnen: 'Maxi' (grün), 'Duplika' (grün), 'Purple Teepee' (schwarz), 'Berggold' (gelb)
- Rote Bete: 'Rote Kugel', 'Hula Hoop Mischung' (bunt)
- Mangold: 'Bright Lights' (bunt), 'Rainbow' (bunt)
- Lauch: 'Bavaria', 'Herbstriesen'
- Fenchel: 'Rondo', 'Fino'
- Petersilie: 'Mosskrause'
- Balkontomaten: 'Vilma' (rot), 'Minibel' (rot), 'Balconi Yellow' (gelb)
- Snackpaprika: 'Takila' (orange), 'Brandy Red' (rot), Snackpaprika gelb
- Chili: ' Zimbabwe Black' (sehr scharf!), 'Cayenna' (weniger scharf)

*noch mehr Sorten auf Seite 97

● Mangold 'Bright Lights' schmeckt lecker und hat einen hohen Zierwert.

● Fenchel, Tomate, Rote Bete, Mangold: Im August gibt es viel zu ernten.

Hochbeet – Frühlingsbepflanzung

① Kohlrabi	② Radieschen	③ Eichblattsalat	④ Salatrauke
⑤ Roter Blattsenf	⑥ Erbsen	⑦ Frühmöhren	⑧ Steckzwiebeln
⑨ Romanasalat	⑩ Zapfen-Radieschen		

Hochbeet – Sommerbepflanzung

① Buschbohnen ② Petersilie ③ Chili ④ Snackpaprika
⑤ Rote Bete ⑥ Lauch ⑦ Mangold ⑧ Buschtomate
⑨ Knollenfenchel

Gärtnern
in Bäckerkisten

Ein Bäckerkisten-Hochbeet aufbauen

Das Gärtnern in Bäckerkisten wurde in den urbanen Gemeinschaftsgärten erfunden, die seit einigen Jahren in vielen Städten entstanden sind. Genauso wie die schon beschriebenen Kastenbeete werden auch die Bäckerkisten auf Europaletten aufgebaut. Sie bleiben damit transportabel und können unabhängig vom Boden aufgebaut werden. Versiegelte Flächen können genauso genutzt werden wie ein Platz im Garten.

Was sind Bäckerkisten?

»Bäckerkiste« ist der landläufige Name für eine Plastikkiste, die korrekt als »Eurostapelbox durchbrochen« bezeichnet wird. Sie ist lebensmittelecht und mit ihren Maßen genau auf die Abmessungen einer Europalette abgestimmt. Die Kisten haben eine Grundfläche von 40 × 60 cm. Auf einer 80 × 120 cm großen Palette finden vier Kisten Platz. Die Bäckerkisten sind so gestaltet, dass sie gestapelt werden können und dabei fest aufeinanderstehen. Für ein Kisten-Hochbeet setzen Sie zwei Kisten aufeinander. Pro Palette werden acht Kisten benötigt.

Material für ein Bäckerkisten-Hochbeet

- 2 Europaletten 80 × 120 cm
- 12 Bäckerkisten 40 × 60 × 32 cm
- 4 Bäckerkisten 40 × 60 × 20 cm
- schwarzes Mulchvlies 50 g/m²
- Universalklammern (Baumarkt)
- Schere, Maßband

① Zwei Europaletten bilden für unser Kisten-Hochbeet die Grundlage. Selbstverständlich können Sie auch ein Beet auf einer Palette errichten oder das Hochbeet um weitere Paletten erweitern. Legen Sie die Paletten mit der schmalen oder mit der breiten Seite aneinander. Beide Formate lassen ein bequemes Arbeiten auch in der Beetmitte zu. Richten Sie die Paletten gerade aus, sie sollten möglichst fest auf dem Untergrund stehen.

② Verwenden Sie für das Kisten-Hochbeet unbedingt Boxen mit durchbrochenen Wänden und Boden. Die geschlossenen Eurokisten sind ungeeignet. Überschüssiges Gieß- oder Regenwasser könnte nicht abfließen, sodass die Pflanzen regelrecht ertrinken würden. Da durch die relativ grobe Gitterstruktur die Erde hindurchrieseln würde, legen Sie die Kisten mit einem festen Mulchvlies aus. Universalklammern aus dem Baumarkt sind dabei eine große Hilfe.

③ Das Auslegen der Kisten geht am einfachsten, wenn Sie sich einen Mulchstreifen zuschneiden, der etwas breiter ist als die Höhe der Kiste. Legen Sie den Mulchstreifen am Kistenrand entlang und befestigen Sie ihn provisorisch mit den Klammern am Kistenrand. Für die Abdeckung der Böden der unteren Kisten schneiden Sie ebenfalls ein 40 × 60 cm großes Stück Vlies zu und legen es auf die überstehenden Seitenränder. Bei den oberen Kisten werden nur die Seitenwände mit Mulchvlies ausgekleidet. Der Boden bleibt frei.

④ Auf den beiden Paletten werden jeweils vier 32 cm hohen Kisten aufgestellt. Aus optischen Gründen werden in der Mitte des Hochbeetes vier ebenso hohe Kiste als zweite Lage platziert. Am rechten und linken Rand finden jeweils zwei 20 cm hohe Kisten ihren Platz. Unser Kistenaufbau ist nur als Beispiel gedacht. Sie können Ihr Beet ganz individuell auch mit anderen Kistenhöhen gestalten.

Das Bäckerkisten-Hochbeet befüllen

Ein Kisten-Hochbeet kann ganz einfach von unten bis oben mit gekaufter, torffreier Universal- oder Gemüseerde gefüllt werden. Die höheren Kisten aus unserem Beispiel fassen jeweils etwa 75 l Erde, die flacheren Kisten haben ein Volumen von ca. 50 l. Für zwölf große und vier kleine Kisten benötigen Sie insgesamt 1100 l Erde. Bei Kosten von 30 Cent pro l kämen 330 Euro zusammen. Ein stolzer Preis, den nicht jeder bezahlen kann oder will. Es geht allerdings auch anders.

Schichtweise füllen

Sie können die Kisten für Ihr Hochbeet schichtweise mit unterschiedlichen Materialien füllen. Klein geschnittene Äste und Zweige vom Baum- und Strauchschnitt sowie halbfertiger Kompost

bilden etwa ¾ der Füllmenge. Strauchschnitt fällt in den Wintermonaten in vielen Gärten an. Fragen Sie z. B. in Kleingartenanlagen, wenn Sie selber keine Sträucher geschnitten haben. Den Kompost bekommen Sie in der Regel kostenlos in gemeindeeigenen Grünschnittannahmestellen. Die jetzt noch benötigte Menge an Gemüseerde reduziert sich so auf eine Menge von 250 l.

Substrat für ein Bäckerkisten-Hochbeet auf 2 Paletten

- 300 l gehäckseltes Holz oder klein geschnittener Strauchschnitt
- 550 l halbfertiger Kompost
- 250 l Universal- oder Gemüseerde

① Füllen Sie die unteren acht Kisten, bei denen Sie auch den Boden mit Mulchvlies ausgelegt haben, zur Hälfte mit gehäckseltem Holz, das Sie mit etwas Glück im Spätwinter in einer Kleingartenanlage oder von einem Landschaftsgärtner bekommen. Haben Sie nur Baum- oder Strauchschnitt zur Verfügung, reicht es auch aus, die Zweige mit einer Gartenschere in ca. 20 cm lange Stücke zu schneiden. Solche Stücke passen gut in die Kiste hinein.

② Die zweite Hälfte der Kistenfüllung besteht aus halbfertigem Kompost. Füllen Sie diesen bis an den oberen Kistenrand, streichen Sie ihn glatt und drücken Sie ihn mit den flachen Händen leicht an. Mit den Handkanten drücken Sie die Erde an den Kistenrändern noch zusätzlich an. Jetzt können Sie noch etwas Erde nachfüllen, denn es ist wichtig, dass die Kiste bis oben hin voll ist. Sind alle unteren Kisten gefüllt, stellen Sie sie nebeneinander auf die vorbereiteten Europaletten.

③ Setzen Sie nun die zweite Lage Kisten auf die gefüllten unteren Kisten. In den oberen Kisten ist der Boden nicht abgedeckt. Füllen Sie sie ebenfalls zur Hälfte mit dem halbfertigen Kompost. Lassen Sie die Komposterde dabei durch das Gitter im Boden rieseln, bis auf die Oberfläche der unteren Kiste. Drücken Sie mit den Fingern etwas nach. Die Pflanzenwurzeln können auch in die unteren Kisten hineinwachsen, sodass sie Wasser und Nährstoffe auch aus tieferen Schichten aufnehmen können. Da in dem großen Wurzelraum viel Wasser gespeichert werden kann, müssen Sie nicht so häufig gießen.

④ Die zweite Hälfte der oberen Kisten wird mit einer guten, torffreien Gemüseerde gefüllt. Dieses Substrat ist ideal zum Anwachsen der Beetbepflanzung geeignet. Da aus den unteren Kompostschichten kontinuierlich Nährstoffe nachgeliefert werden, müssen Sie im ersten Jahr nur stark zehrende Pflanzen nachdüngen.

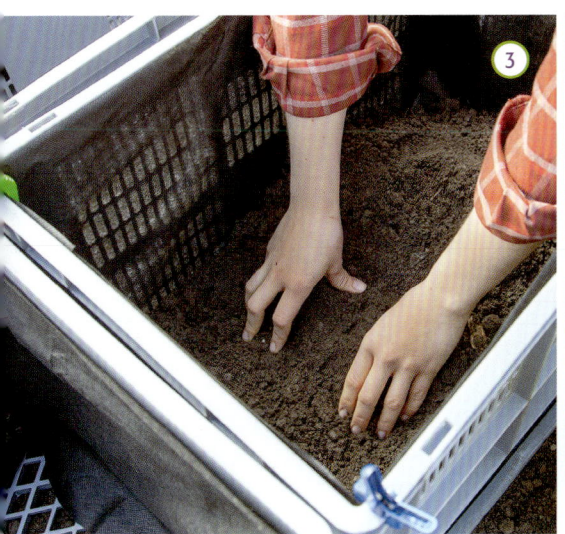

Gemischtes Gemüse in Bäckerkisten

Frühlingsbepflanzung

Kiste ①
6 Kohlrabi

Kiste ②
links: Radieschen
Mitte: 5 Romanasalate
rechts: Salatrauke

Kiste ③
links: Mangold
'Charlie'
rechts: 4 Pflücksalate

Kiste ④
6 Walderdbeeren
'Fontaine'

Kiste ⑤
3 Reihen
Spinat, rotstielig

Kiste ⑥
links: Gartenkresse
Mitte: Mini-Pak Choi
rechts: Schnittsalat

Kiste ⑦
links: Salatrauke
Mitte: 5 Multileaf-Salate
rechts: Gartenkresse

Kiste ⑧
6 Kopfsalate

Sommerbepflanzung

Kiste ①
oben und links: Bohnen
Mitte und rechts: Bohnen-
kraut

Kiste ②
oben: 2 Pflücksalate
Mitte: 1 Gewürztagetes
unten: 1 Buschtomate

Kiste ③
oben: 2 Pflücksalate
Mitte: 1 Gewürztagetes
unten: 1 Snackpaprika

Kiste ④
6 Walderdbeeren
'Fontaine'

Kiste ⑤
3 Reihen
Salatrauke

Kiste ⑥
oben: 1 Snackpaprika
Mitte: 2 Petersilien
unten: 1 Kapuzinerkresse

Kiste ⑦
oben: 1 Buschtomate
Mitte: 2 Basilikum
unten: 1 Kapuzinerkresse

Kiste ⑧
oben: Dill
unten: 2 Freiland-Gurken

Gemüse aus Bäckerkisten
pflanzen, pflegen, ernten

Ein Kisten-Hochbeet ist relativ zeitig im Jahr bepflanzbar. Die Sonne erwärmt die Erde nicht nur von oben, sondern auch von den Seiten. So ist schnell eine Bodentemperatur erreicht, die das Pflanzen und Aussäen möglich macht.

Die Bäckerkisten im Frühjahr

Einen Pflanzplan für das Kisten-Hochbeet zu erstellen ist knifflig, aber spannend. Hilfe dazu finden Sie auf Seite 100–101.
Leichter geht es mit den fertigen Bepflanzungsvorschlägen von Seite 92–93. Damit sind Sie sofort startklar und können beginnen, sobald die Kisten gefüllt sind. In das Kisten-Hochbeet werden Jungpflanzen gesetzt und auch direkt

ausgesät. Jungpflanzen brauchen Sie von Kohlrabi, Pak Choi, Eisberg-, Mulltileaf-, Pflück- und Romanasalat. Auch die Walderdbeeren werden gepflanzt. Babyleaf-Salat, Blattmangold, Gartenkresse, Radieschen, Rucola und Spinat werden direkt ins Beet gesät. Saatgut bekommen Sie im Gartencenter oder in großer Auswahl bei vielen Anbietern im Internet (Bezugsquellen ab S. 122).

Jungpflanzen selbst anziehen
Da das Jungpflanzenangebot früh im Jahr noch sehr dürftig ist, empfiehlt es sich, die Pflänzchen selbst anzuziehen. Von der Aussaat bis zur fertigen Jungpflanze dauert es etwa sechs Wochen. Eine Anleitung für die Jungpflanzenanzucht finden Sie auf den Seiten 102–103.

❋ Mit Stecketiketten an den Saat- und Pflanzreihen behalten Sie den Überblick.

❋ Vier Wochen nach der Pflanzung kann schon Salat geerntet werden.

Aussaat und Bepflanzung

Je nach Wetterlage kann das Kisten-Hochbeet ab Ende März bestellt werden. Bepflanzen Sie das Beet Kiste für Kiste. Die Jungpflanzen werden zunächst im richtigen Abstand ausgestellt. Mit einer Pflanzschaufel setzen Sie die Pflanzen ein. Für die Säkulturen ziehen Sie Saatrillen, in die Sie die Samen streuen. Danach schließen Sie die Rillen vorsichtig mit den Händen. Die Kisten werden zum Schluss mit einer Gießkanne mit Brausekopf gewässert.

Pflege und Ernte

Außer dem regelmäßigen Gießen sind im Frühjahr keine besonderen Pflegemaßnahmen erforderlich. Die Gartenkresse kann schon nach etwa 10 bis 14 Tagen geerntet werden. Salate und die Kohlrabi bleiben etwa acht Wochen auf dem Beet. Sobald Ihnen die Salatpflanzen, der Spinat und der Blattmangold groß genug erscheinen, können Sie schon die ersten, äußeren Blätter ernten und verspeisen. Solange

das Herz stehen bleibt, wachsen die Pflanzen nach. Auch die Radieschen können etwa acht Wochen nach der Aussaat geerntet werden.

Gemüsesorten für die Frühjahrsbepflanzung*

- Kohlrabi: 'Lanro' (weiß), 'Azur Star'
- Kopfsalat: 'Maikönig', 'Pirat'
- Mini-Pak Choi: keine Sortenauswahl
- Multileaf-Salat: 'Salanova', rot und grün
- Pflücksalat: Eichblatt- und Lollo-Sorten
- Romanasalat: 'Forellenschluss', 'Attico'
- Walderdbeeren: 'Fontaine'
- Babyleaf-Salat: Mischung
- Blattmangold: 'Charlie'
- Radieschen: 'Cherry Belle', 'Eiszapfen'
- Rucola: 'Ruca', 'Speedy', 'Rocket'
- Spinat: 'Sardinia', 'Red Cardinal'

*noch mehr Sorten auf Seite 83

✳ Der Multileaf-Salat, hier eine rotblättrige Sorte, bildet sehr gleichmäßige Rosetten aus.

✳ Mini-Pak Choi, ein Asia-Gemüse, kann roh als Salat oder gedünstet zubereitet werden.

Die Bäckerkisten im Sommer

Nach und nach werden die Gemüse der Frühjahrsbepflanzung abgeerntet. Nur die Walderdbeeren bleiben stehen. Sie sind als Dauerpflanzung gedacht. Für die Sommerbepflanzung gibt es auf Seite 93 einen neuen Plan. Jetzt können auch wärmeliebende Gemüse und Kräuter gepflanzt werden.

Die Bäckerkisten vorbereiten

Ziehen Sie die Pflanzenreste der Frühlingsgemüse sowie Unkraut aus den Kisten heraus. Lockern Sie die Erde mit einem Handgrubber. Düngen Sie das »gebrauchte« Substrat mit einem organischen Dünger etwas auf, vor allem die mittleren vier Kisten, in die Starkzehrer wie Tomaten und Paprika gepflanzt werden. Ist die Erde in den Kisten abgesackt, füllen Sie etwas Gemüseerde nach. Gießen Sie das Beet durchdringend. Ist es wieder etwas abgetrocknet, können Sie pflanzen.

Jungpflanzen und Saatgut

Im Frühsommer gibt es im Gartencenter oder auf dem Wochenmarkt eine große Auswahl an Jungpflanzen zu kaufen. Sie müssen nicht unbedingt eigene Pflanzen vorziehen. Jungpflanzen brauchen Sie von Balkontomate, Basilikum, Gurke, Pflücksalat, Tagetes, Snackpaprika, Petersilie und Kapuzinerkresse. Gesät wird Bohnenkraut, Buschbohnen, Dill und Rucola.

Tagetes und Kapuzinerkresse

Viele Tagetesarten riechen eher unangenehm, mit Ausnahme der Gewürz- und Lakritztagetes. Beide Arten riechen gut und sind sogar essbar. Wählen Sie eine nichtrankende Sorte der Kapuzinerkresse. Rankende Sorte wuchern in der nährstoffreichen Erde und bedrängen die anderen Pflanzen.

Aussaat und Bepflanzung

Haben Sie alle Jungpflanzen und das Saatgut zur Hand, ist die Neubepflanzung schnell

✱ Nach der Ernte der Frühjahrskulturen wird die Erde in den Kisten nachgedüngt.

✱ Stellen Sie die Pflanzen zuerst auf dem Beet aus. Dann setzen Sie sie mit einer Handschaufel ein.

erledigt. Gehen Sie, wie bei der Frühjahrsbe-
stellung wieder Kiste für Kiste vor. Am besten
beginnen Sie in der Beetmitte und arbeiten sich
zu den Rändern vor. Zum Schluss gießen Sie
das Gemüse kräftig an.

Pflegen und ernten

Außer dem Gießen fallen kaum Pflegearbeiten
an. Zuerst werden Sie Salat ernten können.
Pflücken Sie nur die äußeren Blätter, dann
wächst der Pflücksalat nach. Auch der Rucola
treibt nach, wenn Sie ihn nicht ganz unten
abschneiden. Die Bohnen brauchen etwa
acht Wochen von der Aussaat bis zur Ernte.
Sie werden mehrfach durchgepflückt. Ab Ende
Juli können Sie auch Tomaten und Snackpaprika ernten. Die Früchte reifen nach und nach,
von unten nach oben. Die Kräuter werden bei
Bedarf geerntet. Alle vorgeschlagenen Arten, bis
auf die Petersilie, sind einjährig. Die Petersilie
treibt im zweiten Jahr noch einmal aus und
kann beerntet werden, bis sie in die Blüte geht.

Gemüsesorten für die Sommerbepflanzung *

- Balkontomaten: 'Gold Nugget' (gelb),
  'Siderno', 'Bogus Fruchta'
- Basilikum: 'Genoverser', 'Feinblättrig'
- Bohnenkraut: 'Saturn', 'Aromata'
- Buschbohnen: 'Amethyst' (blau),
  'Hildora' (gelb), 'Traviata' (grün)
- Dill: 'Vierling', 'Bouquet' (niedrig)
- Freiland-Gurke: 'Fin de Meaux',
  'Conny', 'Iznik' (Mini-Schlangengurke)
- Pflücksalat: Eichblatt- und Lollo-Sorten
- Tagetes: Gewürz- oder Lakriztagetes
- Snackpaprika: 'Sperlis Fitness', 'Tribelli
  Mini'
- Rucola: 'Speedy', 'Ruca', 'Rocket'
- Petersilie: 'Afrodite', 'Einfache Schnitt 3'
- Kapuzinerkresse: nichtrankende Sorte

*noch mehr Sorten auf Seite 85

❀ Nach vier Wochen ist das Beet schon wieder dicht
bewachsen.

❀ Bohnen können über einige Wochen geerntet werden.
Sie schmecken frisch ganz wunderbar.

Gärtnerpraxis und Pflanzenwissen

So planen Sie eine Bepflanzung

Wollen Sie im Frühjahr Ihren Balkon, Ihre Terrasse oder ein kleines Hochbeet aus Kisten, Palettenrahmen oder Big-Bags bepflanzen, ist es sinnvoll, sich im Vorfeld ein paar Gedanken um die Zusammenstellung der Pflanzen zu machen. Besonders, wenn Sie Ihre Jungpflanzen selbst anziehen möchten, ist ein gewisses Maß an Planung nötig, denn zur Pflanzzeit sollen sich die Setzlinge gut entwickelt haben. Als Gartenneuling mag Ihnen eine Bepflanzungsplanung zu kompliziert erscheinen. Sie können sich anfangs an fertige Vorschläge, wie Sie sie hier im Buch finden, halten. Im Laufe der Saison werden Sie Erfahrungen sammeln und eigene Vorstellungen entwickeln, die Sie im nächsten Jahr gern umsetzen möchten. Eine Bepflanzungsplanung macht viel Freude. Schon im Winter, wenn die neuen Garten- und Saatgutkataloge auf den Markt kommen, können Sie in Gedanken im Garten sein und sich vorstellen, wie Ihr Balkon oder kleines Beet in einigen Wochen aussehen wird.

Planungskriterien

Um eine Bepflanzung zu planen, müssen Sie ein paar Informationen einholen und notieren. Sie müssen wissen:
- wie viel Platz Sie haben und wie viele Pflanzen Sie benötigen
- wann die Pflanzen ausgesät werden
- wie lange sie ein Pflanzgefäß besetzen
- wie lange eine eventuelle Anzucht dauert
- welcher Pflanzenfamilie die Pflanze angehört

Aussaatkalender

Die meisten der erforderlichen Informationen finden Sie in Aussaatkalendern, die in Gartenbüchern, im Internet und in Saatgutkatalogen zur Verfügung stehen. Angegeben sind in diesen Tabellen häufig die Aussaatzeit und die Erntezeit. Auch die Dauer der Vorkultur ist vielfach vermerkt. Alle Informationen finden Sie zudem auf den Samentüten.

Balkonbepflanzung planen

Möchten Sie nur kleine Gefäße auf dem Balkon bepflanzen, ist die Planung relativ einfach. Stellen Sie eine Liste mit allen Kräutern und Gemüsearten zusammen, die Sie gern anbauen würden. Notieren Sie sich, wann die Pflanzen ausgesät oder ausgepflanzt werden und wie lange Sie bis zur Ernte in dem Pflanzgefäß stehen. Nun müssen Sie die Gemüse- und Kräuterpflanzen nur noch ihren Pflanzgefäßen zuordnen. Manche Gefäße können nur einmal von einer Dauerkultur, wie Tomaten oder Paprika, besetzt werden. Andere, in denen schnellwüchsige Pflanzen stehen, werden auch zwei- oder dreimal in einer Saison bepflanzt. Bei kleinen Gefäßen ist die Erde nach der Ernte einer Gemüseart meistens stark durchwurzelt, sodass sie vor der Neubepflanzung ausgetauscht wird. In dem Fall können Sie die Folgekultur frei wählen. Wird die Erde nicht ausgewechselt, ist es der Pflanzengesundheit zuliebe besser, eine Kräuter- oder Gemüseart aus einer anderen Pflanzenfamilie folgen zu lassen.

Beetbepflanzung planen

Für die Erstellung eines Anbauplanes für ein Beet gehen Sie im Prinzip genauso vor. Notieren Sie Ihre Pflanzenwünsche, den Aussaat- bzw. Auspflanzzeitraum und die Kulturdauer. In einem Beet wie dem Bäckerkisten-Hochbeet oder dem Hochbeet aus den Palettenrahmen teilen sich immer mehrere Pflanzenarten einen Bereich. Bei der Auswahl der Pflanzen spielen jetzt auch Kriterien der Mischkultur und der Fruchtfolge eine Rolle. Lassen Sie sich aber nicht verwirren, Sie werden auch ohne die ideale Mischkultur oder Fruchtfolge ernten. Die Prinzipien sind allerdings sehr förderlich für die Pflanzengesundheit.

Mischkultur und Fruchtfolge

In der Mischkultur und Fruchtfolge spielt die Pflanzenfamilie eine wichtige Rolle. Pflanzen einer Familie sollen weder nacheinander (Fruchtfolge) noch nebeneinander (Mischkultur) im gleichen Beet angebaut werden. Krankheitserreger können oft innerhalb einer Familie übertragen werden. Sie reichern sich im Boden an und treffen so auch die Nachfolgekultur. In der Mischkultur finden noch weitere Faktoren, wie die Wuchsform, der Nährstoffbedarf sowie Düfte und Wurzelausscheidungen, Berücksichtigung. Mischkulturtabellen, die auf Erfahrungen und Beobachtungen vieler Gärtnergenerationen beruhen, finden Sie im Internet und in biologisch orientierten Gartenbüchern.

✿ Anbauplanung ist eine Art Puzzle-Spiel. Es ist hilfreich, Gemüsenamen mit zugehöriger Pflanzenfamilie auf Klebezetteln zu notieren und auf dem aufgezeichneten Beet mehrere Kombinationen auszuprobieren.

Gemüse pflanzen oder säen?

Wollen Sie Kräuter und Gemüse im Garten oder in Gefäßen auf dem Balkon und der Terrasse anbauen, müssen Sie beachten, dass einige Arten direkt gesät und andere als vorgezogene Jungpflanzen gesetzt werden.

Direktsaat

Für einige Pflanzen ist eine Vorkultur auf der Fensterbank nachteilig. Sie vertragen kein Umsetzen und wachsen besser, wenn sie direkt an Ort und Stelle ausgesät werden. Als Faustregel kann man sich merken, dass alle Gemüsepflanzen, deren unterirdische Teile verspeist werden, direkt ins Beet gesät werden. Zu diesen Arten gehören z. B. Rettiche und Radieschen, Möhren, Pastinaken und auch die Kartoffel. Diese können Sie aber vorkeimen, siehe dazu Seite 50 ff. Weiterhin werden alle schnell wachsenden Gemüsearten, wie Salatrauke, Asia-Salat, Spinat, Erbsen und Bohnen direkt ausgesät.

Für eine Direktaussaat spannen Sie im Beet eine Pflanzleine und ziehen entlang dieser Leine eine wenige Zentimeter tiefe Saatrille. Streuen Sie die Samen vorsichtig in die Rille und ziehen Sie diese wieder zu. Gießen Sie die Saat mit einer Brause gut an.

Vorkultur

Einige Gemüsearten werden als Jungpflanzen ins Beet gesetzt. Diese Setzlinge können Sie zum großen Teil im Gartencenter oder auf Wochenmärkten kaufen. Eine größere Auswahl an Sorten haben Sie aber, wenn Sie Jungpflan-

✱ Die wärmeliebenden Paprika werden ab Anfang März in Töpfen vorgezogen und ab Mitte Mai ausgepflanzt.

✱ Radieschen und schnell wachsende Salate werden im Frühjahr direkt draußen im Beet ausgesät.

zen selber anziehen. Pflanzen, die in warmen Klimaten beheimatet sind, werden bei uns nur erntereif, wenn sie im Gewächshaus oder auf der Fensterbank vorgezogen werden. Sie schaffen es nicht, in den wenigen warmen Wochen draußen zu keimen, zu wachsen und Früchte hervorzubringen. Zu diesen Pflanzen gehören z. B. Tomaten, Paprika und Auberginen. Daneben gibt es Gemüsearten, die im kühlen Frühjahr vorkultiviert werden, später aber auch direkt gesät werden können. Zu diesen Kulturen gehören z. B. Kohlrabi, Pflück- und Kopfsalate.

Anzucht auf der Fensterbank

Füllen Sie flache Schalen mit Aussaaterde, auf die Sie die Samen streuen. Bedecken Sie das Saatgut mit einer dünnen Erdschicht und drücken Sie die Oberfläche leicht an. Halten Sie die Erde feucht. Die meisten Pflanzen mögen Wärme zum Keimen. Salat dagegen möchte lieber kühl, bei etwa 16 °C Raumtemperatur, stehen. Nach etwa zwei Wochen sind bei vielen Aussaaten die Keimblätter und das erste echte Blattpaar der Sämlinge zu sehen. Jetzt ist es Zeit, die Pflänzchen zu pikieren, d. h. sie in einzelne kleine Töpfe umzusetzen.

Größere Samen, z. B. von Kürbis, Zucchini, Ringelblume und Kapuzinerkresse, können Sie gleich einzeln in kleine Töpfe säen. Füllen Sie die Töpfe unten mit aufgedüngter Gemüseerde und oben mit Aussaaterde. So keimen die Samen in dem nährstoffarmen Substrat und können später gleich in die nährstoffreichere Erde einwurzeln.

Stellen Sie die Töpfe an einen hellen Platz auf der Fensterbank. Bei Salaten, Kohlrabi, Kürbis und Zucchini dauert es bis zur Pflanzung ins Beet nun noch vier Wochen. Paprika und Tomaten haben eine längere Anzuchtdauer. Beginnen Sie daher schon Anfang März mit der Aussaat dieser Kulturen. Vier Wochen nach dem Pikieren werden Tomaten und Paprika noch einmal in ein größeres Gefäß umgetopft, bevor sie Mitte Mai ausgepflanzt werden.

❋ Für die Pflanzenanzucht brauchen Sie viel Platz auf der Fensterbank oder unter einer Pflanzenleuchte.

❋ Sobald die ersten richtigen Blättchen zu sehen sind, werden die ausgesäten Pflanzen pikiert.

Praktische Gartengeräte

Für das Gärtnern in Säcken, Pflanztaschen und kleinen Kastenbeeten brauchen Sie nur wenige Gartengeräte. Praktisch sind ein Besen und eine Schaufel an einem langen Stiel. Die Schaufel brauchen Sie, um die großen Gefäße mit Erde zu füllen. Der Nutzen eines Besens liegt auf der Hand: Überall, wo mit Pflanzen und Erde hantiert wird, fällt auch einiges zu Boden und muss hin und wieder beiseitegefegt werden. Alle weiteren Pflanz- und Pflegearbeiten können mit kurzen Handgeräten erledigt werden. Für die Unterbringung der Gartengeräte wird also nur wenig Platz benötigt.

Geräte für die Bepflanzung

Für die Bepflanzung von kleineren Kisten, Töpfen, Pflanztaschen und Körben brauchen Sie eigentlich gar keine Geräte. Die frisch eingefüllte Erde ist so locker, dass Pflanzlöcher mit der Hand ausgehoben werden können. Sie können aber auch eine *Handschaufel* benutzen. In den Kastenbeeten und in den Big-Bags muss die frisch eingefüllte Erde zunächst glatt geharkt werden. Dafür benutzen Sie eine *Harke* an einem kurzen Stiel. Haben Sie kein gutes Augenmaß, spannen Sie in den Kastenbeeten eine *Pflanzleine,* um gerade verlaufende Reihen zu ziehen. Pflanzlöcher graben Sie mit der Hand oder einer *Handschaufel*.
Die Rillen für Aussaaten ziehen Sie einfach mit einem Gerätestiel, z. B. mit dem der Handschaufel. Zugeschoben werden die Saatrillen mit der Hand oder der kurzstieligen *Harke*.

Geräte zur Pflanzenpflege

Die Pflege der Beete, Säcke und Kisten besteht in erster Linie aus Gießen. Weiterhin muss der Boden hin und wieder gelockert und aufkommendes Unkraut entfernt werden. Eventuell müssen einige Pflanzen zurückgeschnitten werden.
Für diese Arbeiten brauchen Sie Gießkannen, Bodenbearbeitungsgeräte und eine Schere.

Gießkannen und Schlauch

Zum Gießen benötigen Sie mehrere *Gießkannen mit einer abnehmbaren Brause*. Aussaaten und Sämlinge werden mit einer Brause gegossen. Durch die feine Wasserverteilung werden eine Verschlämmung des Bodens und das Wegspülen der Samen verhindert. Größere Pflanzen werden ohne Brause gegossen. Mit einem Wasserstrahl ist es einfacher, die Blätter trocken zu halten und nur auf die Erdoberfläche zu gießen.
Gießkannen aus Kunststoff sind sehr praktisch. Sie sind leicht und preiswert. Gut zu handhaben sind 10-l- und 5-l-Kannen. Gießkannen aus Metall sehen zwar edler aus, sind aber teuer und für den täglichen Einsatz zu schwer.
Haben Sie einen Wasseranschluss in der Nähe der Bepflanzung, lohnt sich auch die Anschaffung eines Schlauches mit aufsteckbarem Gießkopf. Für den Balkon und die Terrasse gibt es 10 m lange *Spiralschläuche,* die sich nach Gebrauch platzsparend zusammenziehen. Schläuche sind eine große Erleichterung für die tägliche Gießarbeit.

Handgrubber und Jätekralle

Einen *Handgrubber* an einem kurzen Stiel brauchen Sie für Erdarbeiten in den großen und kleinen Gefäßen. Mit dem Handgrubber können Sie z. B. Erde wieder auflockern oder Dünger einarbeiten. Mit der *Jätekralle* lockern Sie die Erde zwischen den Reihen in einer bepflanzten Kiste. In den aufgelockerten Reihen lässt sich Unkraut leicht herausziehen. Außerdem sorgt die Bodenlockerung für einen gesunden Luftaustausch.

Gartenschere

Eine *Gartenschere* benötigen Sie für den Rückschnitt von Pflanzen, z. B. solche, die sich zu stark ausbreiten und ihre Nachbarn bedrängen. Mehrjährige Kräuterpflanzen benötigen hin und wieder einen Rückschnitt, um kompakt zu wachsen. Bei Gartenscheren lohnt es sich, Geld für ein hochwertiges Produkt auszugeben. Gute Scheren bleiben lange scharf. Bei pfleglichem Umgang können sie viele Jahre lang benutzt werden.

Gartenhandschuhe

Wer mit den Händen in der Erde wühlt, bekommt dreckige Finger und Fingernägel, die nicht immer sofort wieder richtig sauber werden. Stört Sie das, benutzen Sie am besten *Gartenhandschuhe*. Gute Handschuhe sind atmungsaktiv und liegen eng an, sodass Sie »Gefühl« in den Fingern behalten.

✿ Gartengeräte für Kistengärtner: Gießkannen, links aus Metall, Mitte aus Kunststoff, beide mit Brause, Harke mit Handgriff, Handgrubber, Gartenschere, Handschaufel und Jätekralle.

Richtig gießen und düngen

Genügend Wasser und Nährstoffe sind Grundvoraussetzungen für das Pflanzenwachstum. Nur ausreichend versorgte Pflanzen bleiben gesund und bilden Blätter und Früchte, die Sie ernten können.

Richtig gießen

Nicht kleckern, sondern klotzen! An diese Regel können Sie sich bezüglich der Wassermenge tatsächlich halten. Für die Pflanzen ist es besser, wenn sie alle paar Tage viel Wasser bekommen als jeden Tag ein bisschen. Größere Wassermengen dringen tief in den Wurzelraum ein. Die Pflanzen werden so angeregt, auch tiefer gehende Wurzeln zu bilden und den gesamten Wurzelraum einzunehmen. Dringt das Wasser jedes Mal nur oberflächlich ein, bleiben auch die Wurzeln nur in der oberen Bodenschicht.

Jungpflanzen und Aussaaten gießen

Jungpflanzen und Keimlinge sind besonders empfindlich gegenüber Trockenheit. Säen und pflanzen Sie nur in feuchte Erde. Wässern Sie frisch mit Erde gefüllte Kisten, Säcke und Beete

✳ Bringen Sie so viel Wasser aus, dass das Kastenbeet bis unten hin durchfeuchtet wird. Die Pflanzen bilden so tief reichende Wurzeln aus und können den Wasservorrat über mehrere Tage nutzen.

einige Stunden vor der Bepflanzung durchdringend. Aussaaten werden mit einer feinen Brause angegossen, damit die Samen nicht weggespült werden. Jungpflanzen gießen Sie mit einem feinen, weichen Strahl ohne Brause. Der Wurzelballen wird so rundherum eingeschlämmt und die Pflänzchen wachsen gut an.

Wasser zur richtigen Zeit
Vermeiden Sie Gießarbeiten in der prallen Sonne. Tropfen auf den Blättern wirken wie Brenngläser, sodass die Pflanzen Verbrennungen erleiden würden. Gießen Sie morgens oder am frühen Abend. Die Pflanzen sollten noch vor der Nacht abtrocknen können, damit sich keine Pilzkrankheiten auf den Blättern ausbreiten.

Warum Düngen?

Pflanzen brauchen Nährstoffe zum Wachsen, Blühen, Fruchten und um widerstandsfähig gegenüber Krankheiten zu bleiben. Sie ziehen die Nährstoffe aus dem Boden. In der freien Natur stirbt die Pflanze und wird von den Bodenlebewesen zersetzt. Die in der Pflanze gespeicherten Nährstoffe werden dabei wieder frei. Durch die Ernte von Obst und Gemüse wird dieser Kreislauf unterbrochen. Mit dem Erntegut werden auch die Nährstoffe abtransportiert und müssen wieder zugefügt werden.

Gefäße nachdüngen
Mit Gemüseerde gefüllte Gefäße sind für die ersten Wochen ausreichend mit Nährstoffen versorgt. Der Vorrat reicht für sechs bis acht Wochen. Danach muss nachgedüngt werden. Kleinere Gefäße versorgen Sie am besten mit einem organischen Flüssigdünger.
Die Bäckerkisten und die Big-Bags werden vor der Neubepflanzung mit einem festen organischen Dünger aufgedüngt. In dem mit viel Kompost gefüllten Hochbeet muss erst ab dem zweiten Jahr nachgedüngt werden.

✳ Der Nährstoffvorrat wird vor der erneuten Bepflanzung mit organischem Dünger aufgefüllt.

✳ Ist der Nährstoffvorrat in den kleineren Kisten aufgebraucht, geben Sie einmal wöchentlich Flüssigdünger.

Pflanzenschutz heißt
Pflanzen schützen

Jeder, der sich mit dem Anbau von Pflanzen im Garten oder auf der Terrasse und dem Balkon beschäftigt, stößt unausweichlich auf das Thema Pflanzenschutz. Es ist unbeliebt wie kein anderes Gartenthema, denn es wird oftmals mit der »chemischen Keule«, mit »Gift« und »Gesundheitsgefährdung« gleichgesetzt. Und genau das möchte man doch vermeiden, wenn man selbst Gemüse anbaut. Sie möchten Gemüse in »Bioqualität« ernten, frisch, lecker und ungespritzt. Gerade deshalb ist es wichtig, sich mit dem Pflanzenschutz zu beschäftigen. Denn nur, wenn Sie Pflanzenkrankheiten und -schädlinge erkennen und wissen, unter welchen Bedingungen sie entstehen und sich verbreiten, können Sie Maßnahmen ergreifen, die dem entgegenwirken.

Zusammenhänge erkennen

Pflanzenschutz heißt nicht Pflanzen spritzen. Nehmen Sie es wörtlich: Pflanzenschutz heißt Pflanzen schützen, dafür zu sorgen, dass es ihnen gut geht und sie sich optimal entwickeln. Gesunde Pflanzen sind weitgehend vor Krankheiten geschützt und gehen bei einem geringem Schädlingsbefall nicht gleich ein.
Um Pflanzen wirksam zu schützen muss man ihre Bedürfnisse und auch die der Schaderreger kennen. Man muss wissen, wie sie in die Naturkreisläufe eingebunden sind, und entscheiden, ob die eigene Ernte in jedem Fall Priorität vor den Bedürfnissen von anderen Mitbewohnern, wie Vögeln, Schmetterlingen oder anderen Insekten, hat.

✳ Florfliegenlarven vernichten Blattläuse mit großem Appetit und werden daher auch Blattlauslöwen genannt.

✳ Marienkäferlarven werden nur selten erkannt. Sie gehören ebenfalls zu den Blattlausfeinden.

Schädling oder Nützling?

Ob ein Tier Schädling oder Nützling ist, ist immer eine Frage der Perspektive. Für einen Vogel ist eine Raupe kein Schädling, so wie einen Marienkäfer Blattläuse nicht stören, sondern eine leckere Mahlzeit darstellen. Wer aus Menschensicht Nützlinge im Garten haben möchte, muss auch ein gewisses Maß an Schädlingen tolerieren, damit nützliche Insekten Nahrung finden. Um Pflanzen zu schützen, sollte der Mensch nur regulierend, nicht ausschließlich vernichtend eingreifen.

Häufige Pflegefehler

Durch Pflegefehler können Pflanzen so geschwächt werden, dass sie besonders empfänglich für Pflanzenkrankheiten und -schädlinge sind. Pflanzen werden krank, wenn sie nicht genügend Licht bekommen, wenn die Nährstoffversorgung unzureichend und die Wasserversorgung zu gering oder überdimensioniert ist. Seien Sie den Pflanzen gegenüber aufmerksam. Gießen Sie, wenn die Erde trocken ist, und düngen Sie sie, wenn Sie bemerken, dass die Blätter hell und chlorotisch werden. Pflanzen in Gefäßen leiden häufig auch unter einem Zuviel an Wasser. Achten Sie darauf, dass die Gefäße mit Wasserabzugslöchern versehen sind. In geschlossenen Töpfen, Taschen und Kisten entsteht sonst sehr schnell Staunässe, die zu Wurzelkrankheiten führt.

Pflanzenkrankheiten und -schädlinge erkennen

Pflanzenkrankheiten entstehen häufig durch den Befall mit pilzlichen Erregern. Seltener sind auch Bakterien oder Viren ursächlich. Pflanzenschädlinge sind Tiere, die an den Pflanzen fressen oder saugen. Einige erkennen Sie mit bloßem Auge, andere nur mit einer Lupe.

✹ Chlorotische, hellgrüne Blätter weisen auf Nährstoffmangel hin, der die Pflanzen schwächt.

✹ In einem Gefäß ohne Wasserabzugslöcher kann sich nach einem Platzregen schnell das Wasser stauen.

Blattflecken und Schimmelrasen

Krankheiten machen sich z.B. durch Blattflecken oder durch einen Schimmelrasen bemerkbar. Betroffene Pflanzen verlieren an Vitalität, wachsen nicht weiter und sehen insgesamt kümmerlich aus. Blätter und Früchte verfärben sich und sterben schließlich ab.

Schnecken und Käfer

Von Schnecken und Käfern sind tagsüber nur Fraßspuren zu erkennen. Sie sind nacht- oder dämmerungsaktiv oder lassen sich nur bei regnerischem Wetter sehen. Schnecken hinterlassen deutliche Schleimspuren. Sie verkriechen sich gern unter den Töpfen und Kisten, um sich vor Austrocknung zu schützen.

Raupen, Blattläuse und Weiße Fliegen

Schmetterlingsraupen, Weiße Fliegen und die meisten Blattlausarten sind mit bloßem Auge zu erkennen. Sie leben häufig unter den Blättern. Untersuchen Sie die Pflanzen bei Verdacht auf einen Befall daher genau, denn bei Früherkennung können Sie größeren Schaden abwehren.

Spinnmilben

Spinnmilben sind nur stecknadelkopfgroß und halten sich vorwiegend unter den Blättern auf. Auf der Blattoberseite sind helle Sprenkelungen zu sehen. Bei starkem Befall überziehen sie die Pflanze mit einem feinen Gespinst.

Pflanzenkrankheiten und -schädlinge bekämpfen

Um Pflanzenkrankheiten und Schädlinge zu bekämpfen, gibt es eine Reihe von Maßnahmen, die vor allem auf Vorbeugung setzen. Eine chemische Behandlung ist die letzte Möglichkeit, die sich jedoch beim Gärtnern auf kleinen Flächen kaum rechnet. Meistens sind nur wenige Pflanzen betroffen, die bei starkem Befall auch ausgetauscht werden können.

✹ Die Raupen des großen Kohlweißlings können die Blätter von Kohlpflanzen bis auf ein Gerippe abfressen.

✹ Schnecken lieben jedes Gemüse. Sie verstecken sich tagsüber, hinterlassen aber verdächtige Schleimspuren.

Resistente und tolerante Sorten

In der Pflanzenzüchtung spielt die Widerstandsfähigkeit gegen Krankheiten und Schädlinge eine wichtige Rolle. Wählen Sie Sorten, die gegen die wichtigsten Krankheiten und Schädlinge einer Kultur resistent sind oder zumindest eine gute Widerstandsfähigkeit aufweisen.

Fruchtfolge und Mischkulturen

Mit der Fruchtfolge ist die Reihenfolge gemeint, in der man Kulturen nacheinander anbaut. Das spielt in größeren Gefäßen, deren Erde vor der Neubepflanzung nicht ausgetauscht wird, eine Rolle. Vermeiden Sie, Gemüsearten, die derselben Pflanzenfamilie angehören, direkt nacheinander anzubauen. Schadorganismen, die sich im Boden anreichern, können in der Regel auch andere Familienmitglieder befallen. Mit einer Mischkultur vermeiden Sie zudem, dass Pflanzen, die zu einer Familie gehören, direkt nebeneinander stehen und sich gegenseitig anstecken.

Blätter und Früchte trocken halten

Die pilzlichen Erreger, die Pflanzenkrankheiten verursachen, sind auf Feuchtigkeit angewiesen. Auf Pflanzenteilen, die über einen längeren Zeitraum feucht sind, verbreiten sie sich rasant schnell. Gießen Sie abends so früh, dass die Pflanzen vor der Nacht abtrocknen, und halten Sie Blätter und Früchte dabei möglichst trocken.

Mechanischer Pflanzenschutz

Mechanischer Pflanzenschutz zielt zu einen darauf ab, den Schädlingen den Zugang zu den Pflanzen zu erschweren oder sogar zu verhindern. Das kann durch Auflegen eines feinmaschigen Kulturschutznetzes erfolgen. Möglich ist die Auflage des Netzes auf größere Gefäße, wie den Big-Bags oder den Paletten-Beeten. Mechanischer Pflanzenschutz bedeutet aber auch, bei einem Anfangsbefall die betroffenen Blätter und Triebe abzupflücken. Die Ausbreitung von Krankheiten und Schädlingen kann oftmals auf diesem Weg verhindert werden.

● Von Grauschimmel sind besonders geschwächte und zu feucht stehende Pflanzen betroffen.

● Die Krautfäule an Tomaten können Sie durch Trockenhalten der Blätter unter einem Dach verhindern.

Salate für Kisten und Säcke

① Asia-Salat
Kreuzblütler
Direktsaat April – August
Standdauer: 6–8 Wochen
Mischung aus verschiedenen
Sorten, scharf-würzige Blätter
enthalten Senföl, wächst nach.

② Babyleaf-Salat
verschiedene Familien
Direktsaat April – August
Standdauer: 4–5 Wochen
Mischung aus Pflück- und
Schnittsalaten, die sehr jung
geerntet werden, wächst nach.

③ Eisbergsalat
Korbblütler
Jungpflanzen Mai – August
Standdauer: 8–10 Wochen
Bildet feste Köpfe, knackige
Blätter, besonders gut lager-
fähig im Kühlschrank.

④ Endivien
Korbblütler
Jungpflanzen Juni – August
Standdauer: 10–12 Wochen
Leicht bitter schmeckender
Salat, feste Blätter, bildet eine
große Rosette.

⑤ Feldsalat
Baldriangewächse
Direktsaat Juli – August
Standdauer: 8–10 Wochen
Salat für späten Anbau, bleibt
bei später Aussaat über Winter
stehen, Ernte im Frühjahr.

⑥ Kopfsalat
Korbblütler
Jungpflanzen April – August
Standdauer: 6–8 Wochen
Jahreszeitliche Eignung der
Sorten beachten, Frühjahrs-
sorten schießen im Sommer.

⑦ Multileaf-Salat
Korbblütler
Jungpflanzen April – August
Standdauer: 6–8 Wochen
Salatzüchtung mit gleichmäßig
geformten Blättern, rote und
grüne Sorten, Saatgutpillen.

⑧ Pflücksalat
Korbblütler
Jungpflanzen April – August
Standdauer: 6–8 Wochen
Wird als ganzer Kopf oder im
Jugendstadium blätterweise
gepflückt, wächst nach.

⑨ Romanasalat
Korbblütler
Jungpflanzen April – Juli
Standdauer 6–8 Wochen
Bildet länglich ovale Köpfe,
'Ovired' wird jung, vor der
Kopfbildung, geerntet.

⑩ Rauke
Kreuzblütler
Direktsaat April – August
Standdauer: 6–8 Wochen
Wächst nach, im Winter auch
Aussaat in Töpfen auf der
Fensterbank möglich.

⑪ Schnittsalat
Korbblütler
Direktsaat Apr.– Mai, Aug.– Sept.
Standdauer: 6–8 Wochen
Raschwüchsiger Salat für
Frühjahr und Herbst, schießt
im Sommer, wächst nach.

⑫ Winterportulak
Portulakgewächse
Direktsaat September – Oktober
Standdauer: 10–12 Wochen
Winterfester Salat, wächst
noch bei 4 °C, bei später
Aussaat Ernte bis ins Früjahr.

Gemüse und Obst für Kisten und Säcke

① Bohnen
Hülsenfrüchtler
Direktsaat Mitte Mai–Juni
Standdauer: 3 Monate
Wärmebedürftig, erst nach
dem 15. Mai säen, zur Ernte
mehrmals durchpflücken.

② Brokkoli
Kreuzblütler
Jungpflanzen April–Juni
Standdauer: 3–4 Monate
Hoher Nährstoffbedarf, nach
der Ernte des Kopfes wachsen
kleine Röschen nach.

③ Erbsen
Hülsenfrüchtler
Direktsaat April–Mai
Standdauer: 3 Monate
Benötigen eine Rankhilfe,
Zuckererbsen werden mit den
Hülsen gegessen.

④ Fenchel
Doldengewächse
Jungpflanzen Mitte April–Mai
Standdauer: 4 Monate
Schießt schnell bei Trockenheit
und Kälte, schossfeste Sorten
wählen, schmeckt auch roh.

⑤ Gurken
Kürbisgewächse
Jungpflanzen Mitte Mai–Juni
Standdauer 3–4 Monate
Freiland-Gurken sind unemp-
findlicher als Salatgurken,
schmecken vor allem roh.

⑥ Kartoffeln
Nachtschattengewächse
Direktpflanzung April–Mai
Standdauer: 100–130 Tage
Probieren Sie Besonderes, wie
rotschalige Sorten, blaue
Kartoffeln oder Hörnchen.

⑦ Kohlrabi
Kreuzblütler
Jungpflanzen April–Juni
Standdauer: 2 Monate
Schmecken roh oder gekocht,
jahreszeitliche Eignung der
Sorten beachten.

⑧ Kürbis
Kürbisgewächse
Jungpflanzen Mitte Mai–Juni
Standdauer: 4 Monate
Starkzehrer, wärmebedürftig,
große Sortenvielfalt, brauchen
viel Platz in großen Gefäßen.

⑨ Lauch
Zwiebelgewächse
Jungpflanzen Mitte April–Juli
Standdauer: 3–6 Monate
Jungpflanzen tief einsetzen
und anhäufeln, um lange,
weiße Schäfte zu bekommen.

⑩ Mais
Süßgräser
Jungpflanzen Mai–Juni
Standdauer: 4–5 Monate
Zucker- und Gemüsemais
milchreif ernten, Popcornmais,
ausreifen lassen.

⑪ Mangold
Gänsefußgewächse
Direktsaat o. Jungpfl. Mai–Juli
Standdauer: Mai bis zum Frost
Bunte Sorten sind sehr deko-
rativ, nur die äußeren Blätter
ernten, wächst nach.

⑫ Möhren
Doldengewächse
Direktsaat April–Juni
Standdauer 3–5 Monate
Wachsen gut in lockerer Erde
in tiefen Gefäßen, auch bunte
Sorten verfügbar.

⑬ Pak Choi

Kreuzblütler

Jungpflanzen April u. Aug – Sept.
Standdauer: 6–8 Wochen
Asiatisches Gemüse, kälte-
tolerant, schmeckt roh oder
gedünstet, neigt bei Wärme
zum Schießen.

⑭ Paprika und Chili

Nachtschattengewächse

Jungpflanzen Mitte Mai – Juni
Standdauer: 5 Monate
Wärmebedürftig, im Freiland
Snackpaprika pflanzen, Block-
paprika reifen oft nicht aus.
Chilis sind sehr scharf.

⑮ Radieschen

Kreuzblütler

Direktsaat April – August
Standdauer 5–6 Wochen
Jahreszeitliche Eignung der
Sorten beachten, Frühlings-
sorten schießen im Sommer,
rote, weiße und bunte Sorten.

⑯ Rosenkohl

Kreuzblütler

Jungpflanzen Mai – Juni
Standdauer: 5–6 Monate
Starkzehrer, im Herbst den
Haupttrieb kappen, fördert
Ausbildung der Rosen.

⑰ Rote Bete

Gänsefußgewächse

Jungpfl. o. Direktsaat Apr. – Mai
Standdauer: 4–5 Monate
Rüben ganz, unverletzt und
ungeschält kochen, »bluten«
sonst aus.

⑱ Spinat

Gänsefußgewächse

Direktsaat April u. August
Standdauer: 6–8 Wochen
Einzelne, junge Blätter lecker
im Salat, auch dekorative
rotstielige Sorten vorhanden.

⑲ Tomaten

Nachtschattengewächse

Jungpflanzen Mitte Mai – Juni
Standdauer: 4–5 Monate
Überdachung schützt vor
Krautfäule, Balkontomaten
nicht ausgeizen.

⑳ Zucchini

Kürbisgewächse

Jungpflanzen Mitte Mai – Juni
Standdauer: 4 Monate
Starkzehrer, Kletterzucchini
brauchen Rankhilfe, gelbe und
grüne Sorten erhältlich.

㉑ Zwiebel

Zwiebelgewächse

Direktsaat oder Steckzwiebeln
April, Standdauer: 4–5 Monate
Frisch als Frühlingszwiebeln
ernten oder reifen lassen, bis
Laub abstirbt.

㉒ Ananaskirsche

Nachtschattengewächse

Jungpflanzen Mai – Juni
Standdauer: Mai bis Frost
Reif, wenn Hüllblättern gelb,
reifen sicherer aus als die
verwandte Andenbeere.

㉓ Erdbeere

Rosengewächse

Jungpflanzen April und August
Standdauer: 3 Jahre
brauchen viel Wasser und
Sonne, einige Sorten tragen
bis in den Herbst.

㉔ Kulturheidelbeere

Heidekrautgewächse

Strauch, Pflanzen setzen.
Standdauer: mehrere Jahre
Brauchen spezielle saure Erde,
tragen auch ohne Schnitt
zuverlässig.

Kräuter für Kisten und Säcke

① Basilikum
Lippenblütler
Jungpflanzen Mitte Mai – Juni
Standdauer: Mai bis zum Frost
Sehr wärmebedürftig, duftet
intensiv, passt gut zu Tomaten,
reichlich verwenden.

② Bohnenkraut
Lippenblütler
Direktsaat Mitte Mai – Juni
Standdauer: 3 Monate
Einjähriges schmeckt intensiv,
Bergbohnenkraut ist mehrjäh-
rig, Triebspitzen ernten.

③ Dill
Doldengewächse
Direktsaat o. Jungpfl. Apr. – Mai
Standdauer: 6–8 Wochen
In Presstöpfe säen, verträgt
kein Umpflanzen, Ernte
hauptsächlich frische Blätter.

④ Gartenkresse
Kreuzblütler
Direktsaat April – Oktober
Standdauer: 2 Wochen
Sehr schnellwüchsig, scharf-
würzig, Ernte, wenn die
Pflanzen handhoch sind.

⑤ Lavendel
Lippenblütler
Halbstrauch, Pflanzen setzen
Standdauer: mehrjährig
Blüten duften stark, getrocknet
für Duftsäckchen, frisch für
Öl- und Essigzubereitungen.

⑥ Melisse
Lippenblütler
Halbstrauch, Pflanzen setzen
Standdauer: mehrjährig
Zitronen- und Weiße Melisse
für Tee, wuchern, einzeln in
große Gefäße pflanzen.

⑦ Minze
Lippenblütler
Staude, Pflanzen setzen
Standdauer: mehrjährig
große Artenvielfalt, auch
fruchtige Minzen, für Tee,
wuchern, einzeln pflanzen.

⑧ Oregano
Lippenblütler
Halbstrauch, Pflanzen setzen
Standdauer: mehrjährig
Pizzagewürz, auch Dost
genannt, wächst breitbuschig,
im Frühjahr zurückschneiden.

⑨ Petersilie
Doldengewächse
Jungpflanzen Mai – Juni
Standdauer: zweijährig
beliebtes Küchenkraut, Ernte
auch im zweiten Jahr bis zur
Blütenbildung.

⑩ Rosmarin
Lippenblütler
Halbstrauch, Pflanzen setzen
Standdauer: mehrjährig
Verwendet werden die nadel-
artigen Blätter, 'Arp' und
'Veitshöchheim' winterhart.

⑪ Schnittlauch
Zwiebelgewächse
Jungpflanzen April – Juni
Standdauer: mehrjährig
Blühende Pflanzen komplett
abschneiden, treibt neu aus,
auch Blüten essbar.

⑫ Thymian
Lippenblütler
Halbstrauch, Pflanzen setzen
Standdauer: mehrjährig
immergrün, junge Triebe
ernten, besonders aromatisch
kurz vor der Blüte.

Gemüse, Obst, Salate und Kräuter im Überblick

Pflanze	Pflanzenfamilie	Verweildauer im Beet oder Gefäß
GEMÜSE		
Bohnen	Hülsenfrüchtler	3 Monate
Brokkoli	Kreuzblütler	3–4 Monate
Erbsen	Hülsenfrüchtler	3 Monate
Fenchel	Doldengewächse	4 Monate
Gurken	Kürbisgewächse	3–4 Monate
Kartoffeln	Nachtschattengewächse	100–130 Tage
Kohlrabi	Kreuzblütler	8–10 Wochen
Kürbis	Kürbisgewächse	4–5 Monate
Lauch	Zwiebelgewächse	3–6 Monate
Mais	Süßgräser	4 Monate
Mangold	Gänsefußgewächse	Mitte Mai bis zum Frost
Möhren	Doldengewächse	3–5 Monate
Pak Choi	Kreuzblütler	6–8 Wochen
Paprika	Nachtschattengewächse	5 Monate
Radieschen	Kreuzblütler	5–6 Wochen
Rosenkohl	Kreuzblütler	5–6 Monate
Rote Bete	Gänsefußgewächse	4–5 Monate
Spinat	Gänsefußgewächse	6–8 Wochen
Tomaten	Nachtschattengewächse	4–5 Monate
Zucchini	Kürbisgewächse	4 Monate
Zwiebel	Zwiebelgewächse	4 Monate
OBST		
Ananaskirsche	Nachtschattengewächse	Mitte Mai bis zum Frost
Erdbeere	Rosengewächse	mehrjährig
Kulturheidelbeere	Heidekrautgewächse	mehrjährig

Pflanze	Pflanzenfamilie	Verweildauer im Beet oder Gefäß
SALATE		
Asia-Salat	Kreuzblütler	6–8 Wochen
Babyleaf-Salat	verschiedene	4–6 Wochen
Eisbergsalat	Korbblütler	8–10 Wochen
Endivien	Korbblütler	10–12 Wochen
Feldsalat	Baldriangewächse	8–10 Wochen
Kopfsalat	Korbblütler	6–8 Wochen
Multileaf-Salat	Korbblütler	6–8 Wochen
Pflücksalat	Korbblütler	6–8 Wochen
Romanasalat	Korbblütler	6–8 Wochen
Rauke	Kreuzblütler	6–8 Wochen
Schnittsalat	Korbblütler	8–10 Wochen
Winterportulak	Portulakgewächse	10–12 Wochen
KRÄUTER		
Basilikum	Lippenblütler	Mitte Mai bis zum Frost
Bohnenkraut	Lippenblütler	Mitte Mai bis zum Frost
Dill	Doldengewächse	8–10 Wochen
Gartenkresse	Kreuzblütler	2 Wochen
Lavendel	Lippenblütler	mehrjährig
Melisse	Lippenblütler	mehrjährig
Minze	Lippenblütler	mehrjährig
Oregano	Lippenblütler	mehrjährig
Petersilie	Doldengewächse	zweijährig
Rosmarin	Lippenblütler	mehrjährig
Schnittlauch	Zwiebelgewächse	mehrjährig
Thymian	Lippenblütler	mehrjährig

Adressen, die Ihnen weiterhelfen

Gartenwissen

Hortipendium
Das grüne Lexikon
Wiki für die grünen Berufe
und Freizeitgartenbau
www.hortipendium.de

aid Infodienst
Ernährung, Landwirtschaft,
Verbraucherschutz e. V.
Heilsbachstraße 16
53123 Bonn
Tel.: 0228/8499-0
aid@aid.de
www.aid.de

meine ernte
Ganders & Kirchbaumer GbR
Wörthstraße 54
53177 Bonn
Tel.: 0228/28617119
info@meine-ernte.de
www.meine-ernte.de

Gartenakademien

Gartenakademie
Baden-Württemberg
Diebsweg 2
69123 Heidelberg
Tel.: 06221/7484810
gartenakademie@lvg.bwl.de
www.gartenakademie.info

Gartenakademie Bayern
An der Steige 15
97209 Veitshöchheim
Tel.: 0931/9801-0
bay.gartenakademie@lwg.
bayern.de
www.lwg.bayern.de/
gartenakademie

Gartenakademie Hessen
Brentanostraße 9
65366 Geisenheim
Tel.: 06722/502851
hessische.gartenakademie.
gs@llh-hessen.de
www.llh-hessen.de/
hessische-gartenakademie.
html

Gartenakademie
Niedersachsen
Hogen Kamp 51
26160 Bad Zwischenahn
Tel.: 04403/979654
gartenakademie@lwk-
niedersachsen.de
www.lwk-niedersachsen.de

Gartenakademie
Rheinland-Pfalz
Breitenweg 71
67435 Neustadt
Tel.: 06321/671262
gartenakademie@dlr.rlp.de
www.gartenakademie.rlp.de

Gartenakademie Saarland
Dillinger Straße 67
66822 Lebach
Tel.: 06881/928-0
karen.falch@lwk-saarland.de
www.lwk-saarland.de

Gartenakademie Sachsen
Söbrigener Straße 3a
01326 Dresden-Pillnitz
Tel.: 0351/26128081
gartenakademie@smul.
sachsen.de
www.landwirtschaft.sachsen.de

Gartenakademie Thüringen
Hinter der Mühle 19
99095 Erfurt
Tel.: 036204/50011
info@gartenakademie-
thueringen.de
www.gartenakademie-
thueringen.de

Gartenbedarf
und Saatgut

Gartenbedarf-Versand
Richard Ward
Ottobeurer Straße 46 A
87733 Markt Rettenbach
Tel.: 08392/1646
infos@gartenbedarf-
versand.de
www.gartenbedarf-versand.de

Gärtner Pötschke
Beuthener Straße 4
41564 Kaarst
Tel.: 01805/861100
info@poetschke.de
www.poetschke.de

Biogartenversand
Hof Jeebel
Jeebel 17
29410 Salzwedel
info@biogartenversand.de
www.biogartenversand.de

Triaz GmbH
Wöhlerstr. 4
79108 Freiburg
Tel.: 0761/70778920
kundenservice@waschbaer.de
www.waschbaer.de

Bingenheimer Saatgut AG
Kronstraße 24
61209 Echzell
Tel.: 06035/1899-0
info@bingenheimersaatgut.de
www.bingenheimersaatgut.de

Bruno Nebelung GmbH
und Sperli GmbH
Freckenhorster Straße 32
48351 Everswinkel
Tel.: 02582/6700
info@nebelung.de
info@sperli.de
www.nebelung.de
www.sperli.de

N.L. Chrestensen
Erfurter Samen-
u. Pflanzenzucht GmbH
Witterdaer Weg 6
99092 Erfurt
Tel: 0361/2245-0
info@chrestensen.com
www.chrestensen.de

Dreschflegel GbR
Postfach 1213
37202 Witzenhausen
Tel.: 05542/502744
info@dreschflegel-saatgut.de
www.dreschflegel-saatgut.de

Deaflora Aromagärtnerei
Andrea Hellmich
Dr.-Wolff-Straße 6
14542 Werder (Havel)
info@deaflora.de
www.deaflora.de

Rühlemann's
Kräuter und Duftpflanzen
Auf dem Berg 2
27367 Horstedt
Tel.: 04288/928558
info@kraeuter-und-
duftpflanzen.de
www.kraeuter-und-
duftpflanzen.de

Europaletten
und Aufsatzrahmen

Schroth GmbH
Gärtnerstraße 5
74579 Neustädtlein
Tel.: 07962/9090-0
www.schroth-paletten.de

Ernst Paletten
Handelsgesellschaft mbH
Postfach 1120
72120 Pliezhausen
info@ernst-handel.de
www.ernst-handel.de

Bauhaus Baumärkte
und Online shop
Tel.: 0800/3905000
service@bauhaus.info
www.bauhaus.info

Bäckerkisten

Ab-in-die-Box
Am Schwimmbad 1
34477 Twistetal-Twiste
Tel.: 05695/9910038
info@ab-in-die-box.de
www.ab-in-die-box.de

Auer Packaging
Am Kroit 25–27
83123 Amerang
Tel.: 08075/913330
info@auer-packaging.de
www.auer-packaging.de

Naturfarben

Kreidezeit Naturfarben
GmbH
Kassemühle 3
31195 Lamspringe
Tel.: 05060/6080650
info@kreidezeit.de
www.kreidezeit.de

Stichwortverzeichnis

Acrylfarbe 30, 30*, 35, 40
Ananaskirsche 27, 37, 117
Anbauplan 101, 101*
Anfangsbefall 111
Anhäufeln 52
Anstrich 30
Anzucht auf der Fensterbank 103
Anzuchtdauer 103
Asia-Salat 70, 113
Aufbauten 13
Aufsatzrahmen 64
Ausgeizen 77
Aussaat 81 f., 95 f., 106
-erde 29, 43, 45, 74, 78, 103
-kalender 100

Babyleaf-Salat 43, 94 f., 113
Bäckerkiste 13, 13*, 88 ff., 94 ff.
Bäckerkisten-Hochbeet 88 ff.
Bakterien 109
Balkonbepflanzung 100
Balkonerde 17
Balkontomate 83, 96 f,
Basilikum 75 ff., 93, 96 f., 119
Beetbepflanzungen 101
Bepflanzung 81 f., 95 f.
Bepflanzungsplanung 100
Big-Bag 13, 13*, 54 f., 48 ff.
Biophiliaeffekt 9
Biophilie 9
Blähton 29
Blattflecken 110
Blattläuse 108*, 110
Blattmangold 94 f.
Blattsenf 81
Blockpaprika 78
Bodenbearbeitungsgerät 104
Bodenlebewesen 107
Bohne 18, 19*, 54 ff., 93, 97*, 115
Bohnenkraut 93, 96 f., 119
Box 72 ff., 76 f.
Brause 104, 105*, 107

Brokkoli 58, 60 f., 115
Buschbohne 21, 82 f., 85, 96 f.
Buschtomate 83, 85, 93

Calabrese-Typ 60
Cayenne 83
Chili 78 f., 78*, 79*, 82 f., 82*, 85, 117

Dachgartenerde 48
Dachlatte 39
Dill 74 f., 93, 96 f., 119
Direktsaat 102
Dose 40 f.
Drainageschicht 19, 24, 39, 52
Düngen 106 f.

Eichblattsalat 70, 81, 84
Einkaufskorb 26
Einwegkisten 30, 30*
Eisbergsalat 94, 113
Endivien 71, 113
Erbse 18, 73, 73*, 81, 84, 115
Erbsen- und Bohnentasche 19
Erdbeere 117
Erde 16 ff., 66
Erdpigmente 29
Erdsack 36
Etikett 60
Europalette 8, 12, 48, 64, 69, 88 f.
Eurostapelkisten 13

Faltrahmen 12*, 65, 69
Feldsalat 71, 71*, 73, 113
Fenchel 73, 82 f., 83*, 115
Fester Dünger 60
Filztaschen 18
Flachwurzler 72
Florfliegenlarven 108*
Flüssigdünger 39, 60, 79, 107*
Folientunnel 70
Freiland-Gurke 59, 73, 73*, 93, 97

Fruchtfolge 101, 111
Frühbeettunnel 70, 70*, 76
Frühmöhre 84

Gartenerde 49, 66
Gartengeräte 104
Gartenhandschuhe 105
Gartenkresse 92, 94, 119
Gartenschere 105, 105*
Gemeinschaftsgärten 7
Gemüsebeet 48 f.
Gemüseerde 17, 24, 43, 45, 48, 66 f., 74, 90 f., 96, 103
Gemüsemais 57
Geranienerde 17
Gesunde Ernährung 9
Gewürztagetes 26, 31, 93
Gießen 106
Gießkanne 104, 105*
Gießkopf 104
Grauschimmel 111*
Grow-Bags 34 ff.
Gurke 58, 60 f., 96, 115

Habanero 78
Handgeräte 104
Handgrubber 60, 77, 96, 105, 105*
Handsäge 35
Handschaufel 52, 59, 104, 105*
Handtacker 64
Harke 104, 105*
Hausgärten 6
Heat Treatment 12
Hochbeet 68 f., 80 ff., 80*
 bauen 69
-füllung 69*
Holzbohrer 35
Holzhäcksel 49, 52, 67, 91
Holzkisten 28*
Holzrahmen 13, 64, 68 f.
Holzschrauben 35
Holzumrandung 34
Huminstoffe 32, 36, 49

Indianerbeet 54 ff.

Jalapeño 78
Jätekralle 105, 105*
Jungpflanzen 80, 94, 102, 106
-anzucht 44
Jute 32

Kabelbinder 39, 41, 44 f.
Käfer 110
Kaffeesäcke 32
Kapuzinerkresse 21, 59 f., 79,
    93, 96 f., 103
Karottentasche 18, 19
Kartoffel 50, 59, 115
-acker 50 ff.
-anbau 33
vorkeimen 51
-säcke 32
-sorten 50
-tasche 19
Kastenbeet 64 ff., 70, 73, 74*,
    76, 78, 106*
Keimblätter 103
Keimen 103
Kellerregal 35
Kerbel 75
Kinder 31
Kisten-Hochbeet 13, 88, 94
Knollen 52
Knollenfenchel 73*, 85
Kohl 59
Kohlrabi 81, 81*, 84, 92, 94 f.,
    103, 115
Kohlweißling 110
Kompost 49, 56, 58, 67, 69,
    90 f.
-erde 91
Königsblüte 79
Konservendosen 10*, 40
Kopfsalat 70 f., 92, 95, 113
Korb 26
Kräuter 21, 25, 28, 31, 74 f.,
    75*
-beet 74, 75*
-box 74 f.
-erde 19, 29, 74
Krautfäule 111*
Kreuzblütler 70

Küchenkräuter 74
Kulturheidelbeere 117
Kulturschutznetz 111
Kürbis 25, 54 ff., 59, 103, 115

Lakritztagetes 31
Längsteiler 74
Laubschicht 69
Lauch 59, 82 f., 85, 115
Lavendel 75, 119
Leimholzbretter 34 f.
Leinölfirnis 29

Mais 19*, 54 ff., 115
Mangold 21, 21*, 58, 60 f.,
    82 f., 83*, 85, 92, 115
Marienkäferlarven 108*
Mechanischer Pflanzenschutz
    111
Mediterrane Kräuter 74
Mehltau 61
Mehrwegkisten 28
Melisse 25, 119
Metallhaken 44 f.
Methylbromid 12
Mexikanische Minigurke 27
Milpa 54
Minze 25, 75, 119
Mischkultur 54, 72 f., 101,
    111
Möhre 18, 19*, 73, 81, 115
Moorbeetpflanzen 17
Mulchfolie 30
Mulchvlies 28, 88 f., 91
Multileaf-Salat 70, 92, 94 f.,
    95*, 113
Mutterboden 66

Nachdüngen 107
Nähen 22
Nährstoff 107
-mangel 109*
-versorgung 56, 109
-vorrat 107*
Naturfarben 29
Noppenfolie 65, 69
Nutzgarten 6
Nützliche Insekten 109
Nützling 109

Obstkisten 28
Ordnungshelfer 42
Oregano 75, 119
Organischer Dünger 77, 79, 96,
    107*

Pak Choi 92, 94 f., 95*, 117
Palette 49, 65, 69, 89
Paletten-Beete 12
Palettenrahmen 12*, 80
Pappe 28
Paprika 29, 29*, 59, 78 f., 78*,
    79*, 83, 96, 103, 117
Petersilie 74 f., 82 f., 85, 93,
    96 f., 119
Pfefferminze 25
Pflanzenanzucht 103*
Pflanzenfamilie 100
Pflanzengesellschaften 72
Pflanzengesundheit 100
Pflanzenkrankheiten 108 ff.
Pflanzenschädlinge 108 ff.
Pflanzenschutz 108
Pflanzgefäß 10
Pflanzkartoffeln 51 f.
Pflanzleine 72*, 104
Pflanzsäcke 34
Pflanzschaufel 83, 95
Pflanztaschen 10, 10*, 18 ff.,
    18*, 22, 24
Pflegefehler 109
Pflücksalat 92 ff., 113
Pikieren 103
Pilzliche Erreger 109, 111
Planungskriterien 100
Plastiktüte 34
Popcornmais 57
Poren 16
Porenvolumen 17
Prinzessinnengarten 7

Querteiler 74

Radieschen 81, 81*, 84, 92,
    94 f., 117
Rahmen 64
Rankgitter 38, 44, 73
Rankhilfe 81
Rasensoden 69

Rauke 113
Raupen 110, 110*
Regalboden 36
Regalbrett 34
Resistente Sorten 111
Rindenmulch 37
Ringelblume 103
Rohkompost 69
Romanasalat 70, 80*, 81, 84,
    92, 94 f., 113
Rosenkohl 58, 61, 117
Rosmarin 75, 119
Rote Bete 73, 73*, 82 f., 83*,
    85, 117
Roter Blattsenf 84
Rucola 81, 94 ff.

Saatbänder 71*
Saatgutkataloge 100
Saatkartoffeln 51
Sack 32 f., 32*, 37, 48, 50,
    58
Salate 70 f., 81*, 94*, 103
Salatrauke 70, 84, 92 f.
Salbei 75
Sämling 103
San-Marzano-Typ 76
Schädling 109
Schädlingsbefall 108
Schärfegrad 78
Scharniere 64
Schaufel 104
Schere 104
Schimmelrasen 110
Schlauch 104
Schleifschwamm 40
Schnecken 110, 110*
Schnittlauch 26, 74 f., 119
-blüten 26
Schnittmuster 22
Schnittsalat 70, 92, 113
Schubkarre 66 f.
Schuhorganiser 11*, 42
Scoville 78
Seitentriebe 77
Selbsterntegärten 8

Selbstversorgung 8*
Setzling 102
Snackpaprika 29, 78, 82 f., 85,
    93, 96 f.
Sommeranbau 71
Spezialerde 16, 16*
Spezialfüllung 69
Spinat 43, 92, 94 f., 117
Spinnmilbe 110
Spiralschlauch 104
Sprossenbrokkoli 60
Stangenbohnen 57
Starkwüchsige Kräuter 33
Stark zehrendes Gemüse 33
Starkzehrer 50, 58, 77, 79
Starrer Rahmen 64, 69
Staunässe 50, 109
Stecketiketten 94*
Steckzwiebeln 84
Stickstoff 54
Stoffklammer 22
Substrat 66, 74, 74*, 90
-mischung 49

Tacker 65
Tagetes 26, 79, 96 f.
Taschen 20
Teichvlies 36, 49
Tetrapacks 44 f.
Thermokomposter 69*
Thymian 29*, 75, 119
Tiefwurzler 72
Tolerante Sorten 111
Tomate 59, 76 f., 82 f., 96, 103,
    117
Tomatenerde 17
Tomatenstab 77
Tomatentasche 19
Tomatenüberdachungen 76 f.
Torffreie Erde 17
Torfhaltige Erde 17

Universalerde 16, 17*, 66 f.,
    74, 90
Universaltasche 18
Unkrautvlies 65 f., 69

Untersetzer 32
Urbane Gartenprojekte 7
Urbanes Gärtnern 6, 7*

Vertical Gardening 11, 40
Vertikal Gärtnern 40 ff.
Vielfalt 72
Vielfraße 58
Viren 109
Volierendraht 64 f., 69
Voranstrichfarbe 40
Vorkeimen 51
Vorkultur 102
Vorziehen 55

Wachstuch 22
-decke 22
Walderdbeere 92 ff.
Wandbegrünung 11, 42, 44
Wanne 38 f.
Wasser 107
-abzugslöcher 11, 20*, 24, 41,
    109, 109*
-menge 106
-versorgung 11, 109
-vorrat 106*
Weidenkorb 26, 27*
Weinkisten 11*, 28, 28*
Weiße Fliege 110
Weiße Melisse 25
Wildtomate 37
Winterportulak 71, 113
Wühlmaus 64
Wurzelausscheidungen 72
Wurzelkrankheiten 109

Zapfen-Radieschen 84
Zinkwanne 38 f.
Zitronenmelisse 25, 75
Zucchini 25, 38 f., 58 ff., 103,
    117
-blüten 39
Zuckermais 19, 57
Zuckerschoten 82*
Zwiebeln 73, 81, 117

Über die Autorin

Dorothea Baumjohann absolvierte zunächst eine Ausbildung als Gärtnerin im Bereich Blumen- und Zierpflanzen. Nach mehreren Praxisjahren in verschiedenen Gärtnereien und im Botanischen Garten Osnabrück studierte sie Gartenbau an der Fachhochschule Osnabrück mit dem Abschluss Diplom-Ingenieurin. 1998 gründete sie »Die grüne Kamera«, eine Bildagentur für Gartenfotos mit den Schwerpunktthemen Pflanzenschutz und Gartenpraxis. Die Bilder werden in verschiedenen nationalen und internationalen Gartenzeitschriften veröffentlicht.
Im Frühjahr 2016 hat sie eine zweijährige Fortbildung zur Gartentherapeutin abgeschlossen.

Impressum

Bibliografische Information der Deutschen Nationalbibliothek
Die Deutsche Nationalbibliothek verzeichnet diese Publikation in der Deutschen Nationalbibliografie; detaillierte bibliografische Daten sind im Internet über http://dnb.d-nb.de abrufbar.

BLV Buchverlag
GmbH & Co. KG

80636 München

© 2018 BLV Buchverlag GmbH & Co. KG, München

www.facebook.com/blvVerlag

Bildnachweis
Alle Bilder stammen von Dorothea Baumjohann

Grafiken: Astrid Wilkesmann

Umschlagkonzeption und -gestaltung: BLV-Verlag
Umschlagfotos: Dorothea Baumjohann

Lektorat: Rita Meixner
Herstellung: Ruth Bost
Layoutentwurf Innenteil: griesbeckdesign, München
Satz und Layout: Uhl + Massopust, Aalen

Gedruckt auf chlorfrei gebleichtem Papier

Printed in Germany
ISBN 978-3-8354-1746-5

BLV im WEB